INTRODUCTION

This book is designed to help Japanese learners improve their reading skills. Most of the content corresponds to the JLPT N3–N4 levels, though some vocabulary slightly above N3 level is also included.

The book consists of 20 chapters, all themed around the daily life of a high school girl named Yumi. She is active and curious, and learners can acquire practical and natural Japanese through her interactions with family, friends, and her love interest.

To keep the content engaging, the stories closely reflect what real Japanese students experience, such as school life and club activities. Some chapters also introduce aspects of Japanese culture, such as rakugo and ikebana, allowing learners to deepen their understanding of both the language and the culture.

Each chapter includes:

- A short story
- A summary
- An English Translation with Furigana
- A vocabulary list
- A quiz

In the English Translation, all kanji are accompanied by furigana. Since kanji can be one of the biggest challenges for learners, this section allows you to check the readings without using a dictionary. However, if you wish to challenge yourself, try reading the story first without looking at the furigana and look up the readings and meanings on your own before checking.

Some chapters also include role-play or writing tasks for more practical training. In addition, several important words appear across multiple chapters, allowing you to reinforce your vocabulary as you progress through the stories.

TABLE OF CONTENTS

HOW TO USE THIS BOOK

1. Start by reading the story. Mark any kanji whose reading you do not know.

2. Then read the summary and check how much you understood.

3. Next, use the English Translation and the vocabulary list to look up words or kanji you did not understand. Be sure to write down new vocabulary in a notebook.

4. Finally, use the quiz to check your comprehension. If possible, try writing your own summary in Japanese and compare it with the one in the text to see if you captured the main points.

Chapter 01
友美の毎日 / YUMI'S DAILY LIFE

友美は高校1年生です。東京の高校に電車で通っています。朝礼は8時から始まるので、6時に起きて、7時には家を出ます。学校の近くの駅で友達と待ち合わせをして、一緒に歩いて学校へ行きます。学校へ行くとき、友美はよくポケモンGOをします。友美はポケモンのプリンが大好きです。かばんにはプリンのキーホルダーもつけています。ピンクで丸い形がかわいいと思っています。家ではニンテンドースイッチで『あつまれ どうぶつの森』をよく遊びます。新しいゲームがほしいですが、おこづかいが足りなくてまだ買えません。お母さんがおこづかいをくれますが、友美は貯金が苦手です。お父さんに「計画を立てることが大事だよ」と言われますが、まだ上手にできません。

今日は電車の中でポケモンGOに夢中になり、乗り過ごしてしまいました。「やばい......！」友達に遅れることを連絡しましたが、「友美って時間にルーズじゃない？ この前も待ち合わせに遅れたよね」と怒られてしまいました。友美は謝りましたが、気まずい雰囲気になり、学校に行く途中や休み時間になっても友達は少し怒っていて、あまり話してくれませんでした。

放課後、部活中も気まずいままで、友美は落ち込んでいました。「もっとちゃんと謝ろう。欲しいゲームのために貯めていたおこづかいがあるから、それを少し使って、何かおわびにおかしを買ってあげよう。」次の日、友美はいつもより早い電車に乗って、友達を待ちました。「おはよう！昨日、本当にごめんね。いつも仲良くしてくれてありがとう」と言っておかしを渡すと、「私もちょっとイライラしてて、怒ってごめんね。怒りすぎたかなって反省して、私もこれ買ってきたの」と、ポケモンのプリンのシールをくれました。「超かわいい、ありがとう！」友美は笑顔で受け取り、学校に着くまで、2人はたくさんおしゃべりしました。

Synopsis

友美は、ゲームが好きで貯金が苦手な高校1年生です。ある日、電車でポケモンGOに夢中になって乗り過ごしたせいで、友達との待ち合わせに遅れ、気まずい雰囲気になります。友美はおわびにおかしを渡し、友達も友美の好きなプリンのシールを渡して仲直りしました。

Meet Yumi, a high school freshman who loves games but is bad at saving money. One day, she is so focused on playing *Pokémon GO* on the train that she misses her stop. So she shows up late to meet her friend, and things get awkward. To make things right, Yumi buys her friend some snacks. Then, in a sweet move, her friend gives Yumi a Jigglypuff sticker, her favorite Pokémon, to apologize for her own mood.

English Translation with Furigana

友美（ゆみ）は高校（こうこう）1年生（いちねんせい）です。東京（とうきょう）の高校に電車（でんしゃ）で通（かよ）っています。朝礼（ちょうれい）は8時（じ）から始（はじ）まるので、6時に起（お）きて、7時には家（いえ）を出（で）ます。学校（がっこう）の近（ちか）くの駅（えき）で友達（ともだち）と待（ま）ち合（あ）わせをして、一緒（いっしょ）に歩（ある）いて学校へ行（い）きます。

Yumi is a first-year high school student. She commutes to her school in Tokyo by train. Since the morning assembly starts at 8 o'clock, she wakes up at 6 and leaves home at 7. She meets her friend at a station near the school, and they walk to school together.

学校へ行くとき、友美はよくポケモンGOをします。友美はポケモンのプリンが大好（だいす）きです。かばんにはプリンのキーホルダーもつけています。ピンクで丸（まる）い形（かたち）がかわいいと思（おも）っています。家ではニンテンドースイッチで『あつまれ どうぶつの森（もり）』をよく遊（あそ）びます。新（あたら）しいゲームがほしいですが、おこづかいが足（た）りなくてまだ買（か）えません。お母（かあ）さんがおこづかいをくれますが、友美は貯金（ちょきん）が苦手（にがて）です。お父さんに「計画（けいかく）を立（た）てることが大事（だいじ）だよ」と言（い）われますが、まだ上手（じょうず）にできません。

On her way to school, Yumi often plays *Pokémon GO*. She loves the Pokémon Jigglypuff. She even has a Jigglypuff keychain on her bag. She thinks its pink, round shape is very cute. At home, she often plays *Animal Crossing: New Horizons* on her Nintendo Switch. She wants a new game, but she doesn't have enough allowance money to buy it yet. Her mother gives her allowance every month, but Yumi is not good at saving. Her father tells her, "It's important to make a plan," but she still can't do it well.

今日（きょう）は電車の中（なか）でポケモンGOに夢中（むちゅう）になり、乗（の）り過（す）ごしてしまいました*1。「やばい……！」友達に遅（おく）れることを連絡（れんらく）しましたが、「友美って時間（じかん）にルーズじゃない？ この前（まえ）も待ち合わせに遅れたよね」と怒（おこ）られてしまいました。友美は謝（あやま）りましたが、気（き）まずい雰囲気（ふんいき）になり、学校に行く途中（とちゅう）や休（やす）み時間（じかん）になっても友達は少（すこ）し怒っていて、あまり話（はな）してくれませんでした。

Today, Yumi got so absorbed in *Pokémon GO* on the train that she missed her stop. "Oh no…!"

Yumi sent a message to her friend to say she would be late, but her friend was angry, "Yumi, you're always late! You were late last time, too."

Yumi apologized, but the mood became awkward. On the way to school and even during break time, her friend still seemed upset and didn't talk to her much.

放課後（ほうかご）、部活中（ぶかつちゅう）も気まずいままで、友美は落（お）ち込（こ）んでいました。「もっとちゃんと謝（あやま）ろう。欲（ほ）しいゲームのために貯（た）めていたおこづかいがあるから、それを少し使（つか）って、何（なに）かおわびにおかしを買（か）ってあげよう。」

After school, during the club activity, things were still uncomfortable, and Yumi felt down. "I should apologize properly," she thought. "I've been saving my allowance to buy that game I wanted, but I'll use some of it to buy her some snacks as an apology."

次（つぎ）の日（ひ）、友美はいつもより早（はや）い電車に乗って、友達を待ちました。「おはよう！ 昨日（きのう）、本当（ほんとう）にごめんね。いつも仲良（なかよ）くしてくれてありがとう」と言っておかしを渡（わた）すと、「私（わたし）もちょっとイライラしてて、怒ってごめんね。怒りすぎたかなって反省（はんせい）して、私もこれ買ってきたの」と、ポケモンのプリンのシールをくれました。「超（ちょう）かわいい、ありがとう！ 」友美は笑顔（えがお）で受（う）け取（と）り、学校に着（つ）くまで、2人（ふたり）はたくさんおしゃべりしました。

The next day, Yumi took an earlier train and waited for her friend. "Good morning! I'm really sorry about yesterday. Thank you for always being so kind to me," she said, handing her friend the snack.

Her friend smiled a little and said, "I was just a bit irritated, I'm sorry for getting mad at you like that too. I thought I might've overreacted, so I got you this." She gave Yumi a Pokémon sticker of Jigglypuff.

"It's super cute, thank you!" Yumi said with a smile. The two of them chatted happily all the way to school.

 **してしまいました expressing regret or completion**

Vocabulary

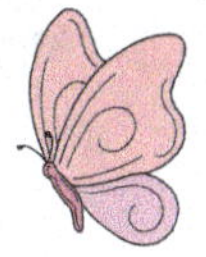

高校　こうこう　high school

朝礼　ちょうれい　morning assembly

駅　えき　station

友達　ともだち　friend

待ち合わせ　まちあわせ　meeting up

丸い　まるい　round

遊ぶ　あそぶ　to play

新しい　あたらしい　new

おこづかい　allowance money

貯金　ちょきん　saving money

計画を立てる　けいかくをたてる　to make a plan

乗り過ごす　のりすごす　to miss a stop

やばい (slang)　awful, cool, awesome, no way, crazy, dangerous

放課後　ほうかご　after school

気まずい　きまずい　awkward, uncomfortable

雰囲気　ふんいき　atmosphere

部活　ぶかつ　club activity

謝る　あやまる　to apologize

おわび　apology

反省する　はんせいする　to reflect on, to feel apologetic for

シール　sticker

超〜 (slang)　ちょう〜　very, super

Quiz

1 **At what time Yumi leaves her house?**
- [ ] a. 6:00
- [ ] b. 7:00
- [ ] c. 8:00

2 **Why was Yumi late to meet up with a friend?**
- [ ] a. She overslept
- [ ] b. She missed her train
- [ ] c. She missed her stop

3 **What is Yumi saving her allowance for?**
- [ ] a. To buy her friend some snacks
- [ ] b. To buy the game she wants
- [ ] c. To learn how to manage money

4 **Why did Yumi buy her friend some snacks?**
- [ ] a. Because she was grateful to have a good friend
- [ ] b. Because she wanted to apologize for being late
- [ ] c. Because she lost a bet

Chapter 02

学校の授業/ SCHOOL CLASSES

今日の1時間目は歴史の授業です。今日のテーマは大正時代、友美の好きなアニメ『鬼滅の刃』に出てくる時代です。「大正時代は1912年から1926年までです。人々は自由や平等を大切に考えるようになりました」と先生が説明します。教科書の写真には、ワンピースを着た女性がうつっています。着物に袴とブーツを合わせた女性の写真を見て、友美は「大正時代のファッション、和風と洋風が混ざってておしゃれだな。みんな自信満々にポーズを決めてて、かっこいい」と思いました。友美はあまり着物を着たことがありませんが、「昔の人みたいに、着物と最近のアクセサリーを合わせたら、モダンな和風ファッションできっとかわいい。今度おばあちゃんに着付けを教えてもらおう」と思いました。

2時間目は英語の授業です。今日のテーマは好きなものを紹介することです。友美は「My favorite Pokémon is Jigglypuff.」と言おうとしましたが、Jigglypuffの発音がうまくできず、少し赤くなってしまいました。友達がくすくす笑い、先生が「大丈夫ですよ。ゆっくりやってみましょう」と言ってくれましたが、友美はとても恥ずかしく思いました。

3時間目は数学のテストがありました。テストが終わった瞬間、隣の席の子が「全然できなかった〜！ やばい、超難しいよ！ 私、回答に『わかりません、許して』って書いちゃった」と言うので、みんな笑いましたが、数学が苦手な友美は、点数が心配で、あまり笑えませんでした。

4時間目は体育、5時間目は音楽の授業でした。体育ではたくさん走り、音楽ではたくさん歌ったので、6時間目の国語の授業では、友美は疲れて居眠りをしてしまいました。先生には見つかりませんでしたが、ノートを取り忘れたので、友達に見せてもらいました。

放課後、「今日一日、あんまりいい日じゃなかったな。授業中寝ちゃうし、テストも全然だめだった」と友美は思い、大きなため息をつきました。「最近友達にも怒られちゃったし、私って本当に最低。今日は部活もうまく行かない気がする」と重い気持ちになりました。

すると、「ねえ、今日の体育、友美すごかったね。バスケ部の子たちよりたくさんシュート入れてたよ」とクラスメイトが話しかけてきました。

「本当？ 今日、本当にだめな日だったな、って今反省してたところ」と友美が言うと、「何言ってんの！？ 音楽の授業だって、『とてもきれいな声ですね』って先生にほめられてたじゃん！ スポーツも音楽も得意で、友美ってK-POPアイドルみたいだねってみんなで話してたんだよ」と目を丸くして言いました。

「アイドルなんて、そんなわけないじゃん！」と友美はまた恥ずかしくて赤くなりましたが、今度は笑っていました。「本当だよ！ ファッションセンスもいいし、みんな友美にあこがれてるよ」

「そんなこと言われたの初めてだよ。でも、ありがとう。なんか元気出た。」さっきまで重い気持ちだった友美の心は、とても軽くなっていました。歴史の授業で習った大正時代の女性たちみたいに、もっと自信を持って、堂々とできるようになりたいなと思いました。

Synopsis

友美の今日一日はあまりいい日ではありません。数学のテストは点数に自信がなく、国語の授業では居眠りしてしまいます。落ち込んでいた友美ですが、クラスメイトに体育と音楽の授業での活躍やファッションセンスをほめられ、「K-POPアイドルみたい」と言われたことで元気が出ます。そして、歴史の授業で習った大正時代の女性たちのように、自信を持ち堂々としていたいと思いました。

Yumi wasn't having the best day. She didn't feel good about her Math test score, and she even dozed off during her Japanese class. While she was feeling a bit down, a classmate praised how great she did in P.E. and Music, and how she loved her fashion sense, telling her she looked "like a K-Pop idol." Feeling better, Yumi decided she wanted to be confident and bold, just like the women of the Taisho era that she learned about in History class.

English Translation with Furigana

今日（きょう）の1時間目（いちじかんめ）は歴史（れきし）の授業（じゅぎょう）です。今日のテーマは大正時代（たいしょうじだい）、友美の好（す）きなアニメ『鬼滅（きめつ）の刃（やいば）』に出（で）てくる時代です。「大正時代は1912年（ねん）から1926年までです。人々（ひとびと）は自由（じゆう）や平等（びょうどう）を大切（たいせつ）に考（かんが）えるようになりました*1」と先生（せんせい）が説明（せつめい）します。教科書（きょうかしょ）の写真（しゃしん）には、ワンピースを着（き）た女性（じょせい）がうつっています。

In the first period, Yumi had history class. Today's topic was the Taisho era, the era shown in Yumi's favorite anime, *Demon Slayer*. The teacher explained, "The Taisho era was from 1912 to 1926. People began to value freedom and equality." The textbook showed photos of women wearing a Western-style dress.

着物（きもの）に袴（はかま）とブーツを合（あ）わせた女性の写真を見（み）て、友美は「大正時代のファッション、和風（わふう）と洋風（ようふう）が混（ま）ざっておしゃれだな。みんな自信（じしん）満々（まんまん）にポーズを決（き）めてて、かっこいい」と思（おも）いました。友美はあまり着物を着たことがありませんが、「昔（むかし）の人（ひと）みたいに、着物と最近（さいきん）のアクセサリーを合わせたら、モダンな和風ファッションできっとかわいい。今度（こんど）おばあちゃんに着付（きつ）けを教（おし）えてもらおう」と思いました。

Looking at another photo of women wearing kimono with hakama and boots, Yumi thought, "Taisho era fashion is so stylish — a mix of Japanese and Western styles. Everyone looks so confident posing for the camera. It's cool." Yumi herself hadn't worn kimono very often, but she thought, "If I mixed a kimono with modern accessories like the people back then, I bet it would look really cute — a kind of modern Japanese style. I'll ask Grandma to teach me how to wear kimono next time."

2時間目（にじかんめ）は英語（えいご）の授業（じゅぎょう）です。今日のテーマは好（す）きなものを紹介（しょうかい）することです。友美は「My favorite Pokémon is Jigglypuff.」と言（い）おうとしましたが、Jigglypuffの発音（はつおん）がうまくできず、少（すこ）し赤（あか）くなってしまいました。友達（ともだち）がくすくす笑（わら）い、先生が「大丈夫（だいじょうぶ）ですよ。ゆっくりやってみましょう」と言ってくれましたが、友美はとても恥（は）ずかしく思いました。

The second period was English class. The theme of the day was to introduce something you like. Yumi tried to say, "My favorite Pokémon is Jigglypuff," but she couldn't pronounce Jigglypuff correctly and turned a little red.
Her friends giggled, and the teacher said kindly, "It's okay. Let's try it slowly," but Yumi still felt very embarrassed.

3時間目（さんじかんめ）は数学（すうがく）のテストがありました。テストが終（お）わった瞬間（しゅんかん）、隣（となり）の席（せき）の子（こ）が「全然（ぜんぜん）できなかった〜！ やばい、超（ちょう）難（むずか）しいよ！ 私（わたし）、回答（かいとう）に『わかりません、許（ゆる）して』って書（か）いちゃった」と言うので、みんな笑いましたが、数学が苦手（にがて）な友美は、点数（てんすう）が心配（しんぱい）で、あまり笑えませんでした。

In the third period, there was a math test. As soon as it ended, the student sitting next to her said, "I didn't understand it at all! Super hard! I even wrote 'I don't know, please forgive me' in my answer!" Everyone laughed, but since Yumi wasn't good at math, she couldn't laugh very much — she was too worried about her score.

4時間目（よじかんめ）は体育（たいいく）、5時間目（ごじかんめ）は音楽（おんがく）の授業（じゅぎょう）でした。体育ではたくさん走り、音楽ではたくさん歌（うた）ったので、6時間目（ろくじかんめ）の国語の授業では、友美は疲れて居眠りをしてしまいました。先生には見つかりませんでしたが、ノートを取（と）り忘（わす）れたので、友達に見せてもらいました。

The fourth period was P.E., and the fifth was music. Yumi ran a lot during P.E. and sang a lot during music, so by the sixth period, Japanese class, she was so tired that she dozed off. The teacher didn't notice, but she forgot to take notes, so she later asked a friend to show hers.

放課後（ほうかご）、「今日（きょう）一日（いちにち）、あんまりいい日（ひ）じゃなかったな。授業中（じゅぎょうちゅう）寝（ね）ちゃうし、テストも全然だめだった」と友美は思い、大（おお）きなため息（いき）をつきました。「最近友達にも怒（おこ）られちゃったし、私って本当（ほんとう）に最低（さいてい）。今日は部活（ぶかつ）もうまく行（い）かない気（き）がする」と重（おも）い気持（きも）ちになりました。

After school, Yumi sighed deeply and thought, "Today wasn't a very good day. I fell asleep in class, and I definitely failed the test." She felt heavy-hearted. "Recently I even made my friend mad... I'm really the worst. I bet the club activity won't go well today either."

すると、「ねえ、今日の体育、友美すごかったね。バスケ部（ぶ）の子たちよりたくさんシュート入（い）れてたよ」とクラスメイトが話（はな）しかけてきました。「本当？ 今日、本当にだめな日だったな、って今（いま）反省（はんせい）してたところ」と友美が言うと、「何（なに）言ってんの！？ 音楽の授業だって、『とてもきれいな声（こえ）ですね』って先生にほめられてたじゃん！ スポーツも音楽も得意（とくい）で、友美ってK-POPアイドルみたいだねってみんなで話してたんだよ」と目（め）を丸（まる）くして言いました。

Just then, a classmate came over and said, "Hey, you were amazing in P.E. today! You made more basketball shots than the girls from the basketball club!"

"Really? I was just thinking today was a total disaster," Yumi replied.

"What are you talking about!? The music teacher said you had such a beautiful voice! You're good at sports and music — we were all saying you're like a K-pop idol!" the classmate said, eyes wide.

「アイドルなんて、そんなわけないじゃん！」と友美はまた恥ずかしくて赤くなりましたが、今度（こんど）は笑っていました。「本当だよ！ ファッションセンスもいいし、みんな友美にあこがれてるよ」

"No way! I'm not like an idol at all!" Yumi said, turning red again — but this time, she was smiling.

"I'm serious! You've got great fashion sense, too. Everyone really admires you!"

「そんなこと言われたの初（はじ）めてだよ。でも、ありがとう。なんか元気（げんき）出（で）た。」さっきまで重い気持ちだった友美の心（こころ）は、とても軽（かる）くなっていました。歴史の授業で習った大正時代の女性たちみたいに、もっと自信を持（も）って、堂々（どうどう）とできるようになりたいなと思いました。

"I've never been told that before... but thanks. That really cheered me up." Yumi's heavy heart felt much lighter now. She thought about the confident women from the Taisho era she'd seen in history class and decided she wanted to be more like them — full of confidence and dignified.

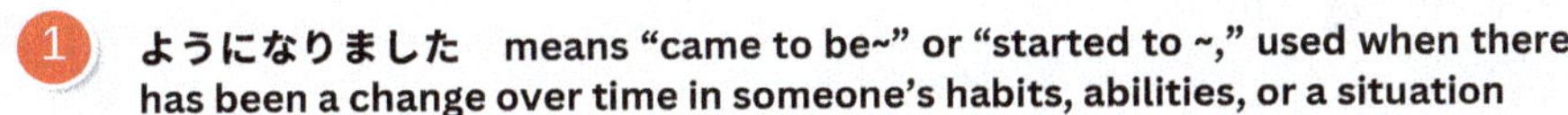

① ようになりました　means "came to be~" or "started to ~," used when there has been a change over time in someone's habits, abilities, or a situation

歴史　れきし　history

自由　じゆう　freedom

平等　びょうどう　equality

説明する　せつめいする　to explain

写真　しゃしん　photo

袴　はかま　a long pleated, culotte-like Japanese garment

着付け　きつけ　putting on a kimono

和風　わふう　Japanese style

洋風　ようふう　Western style

自信満々　じしんまんまん　full of confidence

英語　えいご　English

紹介する　しょうかいする　to introduce

赤い　あかい　red

赤くなる　あかくなる　turn red / to feel embarrassed

数学　すうがく　math

全然　ぜんぜん　not at all

難しい　むずかしい　difficult

許す　ゆるす　to forgive

点数　てんすう　score

心配する　しんぱいする　to worry

体育　たいいく　physical education

音楽　おんがく　music

国語　こくご　national language, Japanese language

居眠りをする　いねむりをする　to doze off

ノートを取る　ノートをとる　to take notes

ため息　ためいき　sigh

重い　おもい　heavy

軽い　かるい　light

目を丸くする　めをまるくする to widen one's eyes

あこがれる　to admire

堂々とする　どうどうとする　to be dignified

Quiz

1 **What is Yumi going to ask Grandma?**

- a. How to wear Kimono
- b. History questions
- c. What accessories to wear

2 **Why did Yumi feel embarrassed during the English class?**

- a. She did not pronounce a word correctly
- b. She dozed off
- c. She made some mistakes on a test

3 **What did the music teacher say to her?**

- a. She did not sing correctly
- b. She had such a beautiful voice
- c. She made some mistakes on a test

4 **What did Yumi forget to do in Japanese class?**

Chapter 03

お昼休みのけんか/ A FIGHT DURING LUNCH BREAK

お昼休みになると、友美はクラスメイトの葵ちゃんと真里ちゃんと一緒にお昼ご飯を食べます。友美と葵ちゃんはお弁当を持ってきますが、真里ちゃんはいつも売店でパンを買います。今日のお昼休み、3人はお昼ご飯を食べながら好きなアイドルの話をしました。

「ねえ、昨日の『乃木坂46』のライブ配信、見た？」友美がスマホを見せながら言いました。「見たよ！マジやばかった。ライブに行きたかったけど、チケットが高くて買えなかった」と葵ちゃんが悲しそうに言いました。「チケットはすぐ売れちゃうから、お金があっても難しいよね。でも配信で見られてよかった」と真里ちゃんがあんぱんを食べながら言いました。

「真里ちゃん、あんぱん食べてるの珍しいね。いつもメロンパンなのに」と友美が驚きました。「今日、メロンパンが売り切れだったから、仕方なくあんぱんにしたの。それより、TikTokでBTSの新しい曲が流行ってるよ。今度踊ってみない？」と真里ちゃんが言いました。

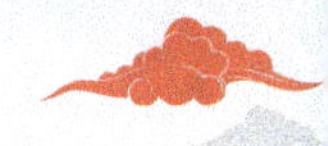

「えー、BTS? ちょっと難しそう」と友美は少し不安そうに言いました。「大丈夫! 私がセンターをやるから、私の踊りを見て」と真里ちゃんが言うと、葵ちゃんが「いや、私がセンターをやるよ。私はダンスを習ったことがあるから」と言いました。

2人はどちらがセンターをやるかでけんかになりました。お昼休みの終わりを知らせるチャイムが鳴り、2人は仲直りできないまま授業が始まりました。

友美はどうやったら2人を仲直りさせられるか考えました。授業中も考えていたので、あまり授業に集中できませんでした。2人の仲が悪いと居心地が悪いので、なんとか早く仲直りしてもらう方法はないか、午後の授業中ずっと考えていました。

授業が終わったあと、友美は2人に提案しました。「ねえ、センターは交代制にしよう。フレーズごとにセンターを変えるの。そうすれば、2人ともセンターで踊れるよ。」

真里ちゃんと葵ちゃんは友美の提案を聞いて、「じゃあ、そうしようか。うちら、たしかにどっちも踊りうまいし、交代制のほうがおもしろいかもね」と仲直りしました。友美は、2人が友美を困らせないように仲直りしてくれたことがわかっていたので、「2人とも妥協してくれてありがとう」と笑いました。すると、真里ちゃんと葵ちゃんも「間に入ってくれてありがとう」と笑顔で言いました。

Synopsis

お昼御飯中、クラスメイトの葵ちゃんと真里ちゃんはどちらがセンターで踊るかでけんかになりました。友美は2人ともセンターで踊れるように交代制を提案。2人は友美の提案に妥協し、仲直りしました。

At lunchtime, Yumi's classmates Aoi and Mari got into a bit of a disagreement—they were arguing over who should be the center dancer. Yumi stepped up and suggested a rotation, so both of them could have a turn in the center. They decided that was a good compromise and made up.

English Translation with Furigana

お昼休（ひるやす）みになると、友美はクラスメイトの葵（あおい）ちゃんと真里（まり）ちゃんと一緒（いっしょ）にお昼（ひる）ご飯（はん）を食（た）べます。友美と葵ちゃんはお弁当（べんとう）を持（も）ってきますが、真里（まり）ちゃんはいつも売店（ばいてん）でパンを買（か）います。今日（きょう）のお昼休み、3人（さんにん）はお昼ご飯を食べながら好（す）きなアイドルの話（はなし）をしました。
At lunchtime, Yumi eats with her classmates Aoi and Mari. Yumi and Aoi bring bento boxes, but Mari always buys bread from the school store. During lunch today, the three of them talked about their favorite idols while eating.

「ねえ、昨日（きのう）の『乃木坂（のぎざか）46（フォーティーシックス）』のライブ配信（はいしん）、見（み）た？」友美がスマホを見せながら言いました。「見たよ！ マジやばかった。ライブに行（い）きたかったけど、チケットが高（たか）くて買えなかった」と葵ちゃんが悲（かな）しそうに言いました。「チケットはすぐ売（う）れちゃうから、お金（かね）があっても難（むずか）しいよね。でも配信で見られてよかった」と真里ちゃんがあんぱんを食べながら言いました。

"Hey, did you watch yesterday's Nogizaka46 live stream?" Yumi asked, showing her smartphone.

"I did! It was so awesome. I wanted to go to the live concert, but the tickets were too expensive," Aoi said sadly.

"Tickets sell out so quickly that even if you have money, it's hard to get them. But it was nice to watch the live stream," Mari said while eating anpan.

「真里ちゃん、あんぱん食べてるの珍（めずら）しいね。いつもメロンパンなのに」と友美が驚（おどろ）きました。「今日、メロンパンが売り切（き）れだったから、仕方（しかた）なくあんぱんにしたの。それより、TikTokでBTSの新（あたら）しい曲（きょく）が流行（はや）ってるよ。今度（こんど）踊（おど）ってみない？」と真里ちゃんが言いました。

"Mari, it's unusual to see you eating anpan. You usually eat melon pan," Yumi said, surprised.

"Today, the melon pan was sold out, so I had to get anpan. By the way, a new BTS song is trending on TikTok. Do you want to try dancing to it sometime?" Mari suggested.

「えー、BTS? ちょっと難しそう」と友美は少（すこ）し不安（ふあん）そうに言いました。「大丈夫（だいじょうぶ）！ 私（わたし）がセンターをやるから、私の踊りを見て」と真里ちゃんが言うと、葵ちゃんが「いや、私がセンターをやるよ。私はダンスを習（なら）ったことがあるから」と言いました。

"Oh, BTS? That sounds kind of difficult," Yumi said anxiously.

"Don't worry! I'll be the center, so just follow my moves," Mari said.

Then Aoi said, "No, I should be the center. I've taken dance lessons before."

2人（ふたり）はどちらがセンターをやるかでけんかになりました。お昼休みの終（お）わりを知（し）らせるチャイムが鳴（な）り、2人は仲直（なかなお）りできないまま授業（じゅぎょう）が始（はじ）まりました。

The two of them started arguing about who should be the center. The bell signaling the end of lunch rang, and the two still hadn't made up when class began.

友美はどうやったら2人を仲直りさせられるか考（かんが）えました。授業（じゅぎょう）中（ちゅう）も考えていたので、あまり授業に集中（しゅうちゅう）できませんでした。2人の仲（なか）が悪（わる）いと居心地（いごこち）が悪（わる）いので、なんとか早（はや）く仲直（なかなお）りしてもらう方法（ほうほう）はないか、午後（ごご）の授業中ずっと考えていました。

Yumi thought about how she could help them reconcile. She kept thinking about it during class, so she couldn't concentrate very well. It's uncomfortable when the two of them don't get along, so she spent the whole afternoon class thinking about how she could help them make up quickly.

授業が終わったあと、友美は2人に提案（ていあん）しました。「ねえ、センターは交代制（こうたいせい）にしよう。フレーズごとにセンターを変（か）えるの。そうすれば、2人ともセンターで踊れるよ。」

After class, Yumi made a suggestion to them: "Hey, let's take turns being the center. Change the center for each phrase. That way, both of you can dance in the center."

真里ちゃんと葵ちゃんは友美の提案を聞（き）いて、仲直りしました。友美は、2人が友美を困（こま）らせないように仲直りしてくれたことがわかっていたので、「2人とも妥協（だきょう）してくれてありがとう」と笑（わら）いました。すると、真里ちゃんと葵ちゃんも「間（あいだ）に入（はい）ってくれてありがとう」と笑顔（えがお）で言いました。

Mari and Aoi agreed with Yumi's idea and made up. Yumi understood that they reconciled to avoid causing problems for her, so she smiled and said, "Thank you both for compromising."

Mari and Aoi also smiled and said, "Thanks for helping us make up."

Vocabulary

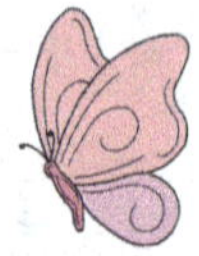

売店　ばいてん　store

配信　はいしん live stream

マジ(slang)　really, for real

悲しい　かなしい　sad

難しい　むずかしい　difficult

珍しい　めずらしい　unusual, rare

驚く　おどろく　to be surprised

売り切れ　うりきれ　sold out

仕方ない　しかたない　It is what it is / It can't be helped

流行る　はやる　to be popular

踊る　おどる　to dance

不安　ふあん　anxiety

交代　こうたい　taking turns

けんか　a fight

仲直り　なかなおり reconciliation

仲が悪い　なかがわるい　not getting along

居心地が悪い　いごこちがわるい　uncomfortable

午後　ごご　afternoon

提案する　ていあんする　to suggest

困る　こまる　to be in trouble

妥協　だきょう　compromise

間に入る　あいだにはいる　to help make up

Quiz

1 **What was Mari eating?**

- [ ] a. Her lunch box
- [ ] b. Anpan
- [ ] c. Melon pan

2 **Who has taken dance lessons before?**

- [ ] a. Yumi
- [ ] b. Mari
- [ ] c. Aoi

3 **When did Mari and Aoi make up?**

- [ ] a. During the lunch break
- [ ] b. After class
- [ ] c. The next day

4 **Why did Mari choose anpan?**

- [ ] a. Cheaper
- [ ] b. Healthier
- [ ] c. Melon pan was sold out

5 **How was the conflict resolved?**

- [ ] a. One center
- [ ] b. Alternating center
- [ ] c. No dance

Role-play

A says 「私がセンターをやる」 / B counters / C proposes 交代制。Practice 依頼・提案・同意表現。

Pronunciation drill

Pay attention to the accent position.
センター｜メロンパン｜あんぱん｜チケット

Writing prompt

あなたなら、どのような方法で仲直りさせますか。（3文）

Chapter 04

華道部の活動/ FLOWER ARRANGEMENT CLUB ACTIVITIES

友美はテニス部と華道部に入っていて、毎週水曜日は華道部で生け花を勉強します。華道部には1年生が7人、2年生が4人、3年生が5人います。今日は12人が部活に来ました。

部長が「今日は夏らしい作品を作りましょう。あじさいかひまわり、好きな花をメインにしてください」と言いました。友美はひまわりを選びました。ひまわりはおばあちゃんの好きな花です。「昔、ひまわりはいつも太陽を見ている花なんだっておばあちゃんが教えてくれたな。だから『あなただけを見つめる』という花言葉があるんだっけ。」

友美は、ひまわりで夏の明るさや楽しさを表したいと思いました。ひまわり1本と緑の葉を使って、先生に見せましたが、先生は首をかしげました。先生は「もっと夏のエネルギーを表現しましょう」と言いました。「夏のエネルギーってどういうことだろう？」友美はしばらく考えましたが、わからなくて手が止まってしまいました。まわりを見渡すと、みんなは順調に作品を作っていて、もうできあがっている人もいます。

「私だけ手際が悪いな...」友美は焦って、ひまわりの角度を変えてみたり、葉を足してみたりしましたが、なんだかしっくりきません。すると、先生がそばに来て「わからないときは相談していいんだよ。ひまわりをもっと使うともっと明るくなって、見ている人にエネルギーが伝わるよ」と教えてくれました。そこで、友美はひまわりを2本足しました。すると、ぱっと作品が明るくなったのがわかりました。「そっか、メインの花は1本だけじゃなくて、もっと使っていいんだ」

そのとき、2年生の佐藤先輩が完成した作品を持って友美のほうに来ました。青いあじさいと白いカーネーションを使った、さわやかな作品です。友美が「先輩の作品は涼しそうですてきですね」と言うと、佐藤先輩は「ありがとう。友美ちゃんの作品は元気いっぱいだね。見てるだけで明るい気持ちになるよ」と言ってくれました。友美は先生に言われた夏のエネルギーを表現できた気がして、とてもうれしくなりました。部活が終わって掃除をするとき、佐藤先輩が「私も手伝うよ」と言ってほうきを持ちました。友美は「掃除は1年生の仕事です。先輩はいいですよ」と言いましたが、佐藤先輩は「みんなでやると早いから」と笑って手伝ってくれました。

部活のあと、友美はおばあちゃんの家に行きました。ひまわりの生け花をプレゼントしたかったからです。おばあちゃんはとてもよろこんで「友美ちゃんみたいに元気なひまわりだね」と言いました。友美は「もっと好きな花を教えてね。今度、おばあちゃんの好きな花でもっと大きい作品を作ってあげる」とおばあちゃんに約束しました。

Synopsis

毎週水曜日、友美は華道部で生け花を学びます。今日は夏らしい作品がテーマでしたが、友美は夏のエネルギーがうまく表現できません。しばらく悩んだあと、先生のアドバイスに従いメインの花の量を増やすことで、良い作品を作ることができました。

Every Wednesday, Yumi heads off to her flower arrangement club to learn ikebana. The theme for today was creating a piece that expressed the summer, but Yumi was having a tough time translating the energy of summer into her arrangement. After getting a little stuck, she took her teacher's advice: she increased the number of the main flowers. Once she made that change, her work turned out great.

English Translation with Furigana

友美はテニス部（ぶ）と華道部（かどうぶ）に入（はい）っていて、毎週（まいしゅう）水曜日（すいようび）は華道部で生（い）け花（ばな）を勉強（べんきょう）します。華道部には1年生（いちねんせい）が7人（ななにん）、2年生（にねんせい）が4人（よにん）、3年生（さんねんせい）が5人（ごにん）います。今日（きょう）は12人（じゅうににん）が部活（ぶかつ）に来（き）ました。

Yumi belongs to both the tennis club and the flower arrangement club. Every Wednesday, she studies ikebana (flower arrangement) in the flower arrangement club. There are seven first-year students, four second-years, and five third-years in the club. Today, twelve members came to the club.

部長（ぶちょう）が「今日（きょう）は夏（なつ）らしい作品（さくひん）を作（つく）りましょう。あじさいかひまわり、好（す）きな花（はな）をメインにしてください」と言（い）いました。友美はひまわりを選（えら）びました。ひまわりはおばあちゃんの好きな花です。「昔（むかし）、ひまわりはいつも太陽（たいよう）を見（み）ている花なんだっておばあちゃんが教（おし）えてくれたな。だから『あなただけを見つめる』という花言葉（はなことば）があるんだっけ。」

The club president said, "Let's make a summery work today. Please choose either hydrangeas or sunflowers as your main flower."
Yumi chose a sunflower. It was her grandmother's favorite flower. "Grandma once told me that sunflowers always face the sun. That's why their flower language means 'I only look at you,' if I remember correctly," Yumi recalled.

友美は、ひまわりで夏の明（あか）るさや楽（たの）しさを表（あらわ）したいと思（おも）いました。ひまわり1本（いっぽん）と緑（みどり）の葉（は）を使（つか）って、先生に見せましたが、先生は首（くび）をかしげました。先生は「もっと夏のエネルギーを表現（ひょうげん）しましょう」と言いました。「夏のエネルギーってどういうことだろう？」友美はしばらく考（かんが）えましたが、わからなくて手（て）が止（と）まってしまいました。まわりを見渡（みわた）すと、みんなは順調（じゅんちょう）に作品を作っていて、もうできあがっている人（ひと）もいます。

Yumi wanted to show the brightness and fun of summer with sunflowers. She used one sunflower and some green leaves, then showed it to her teacher. But the teacher tilted her head slightly. "Let's try to express more of summer's energy," the teacher said.
"What does 'summer's energy' mean?" Yumi wondered, thinking for a while but unable to figure it out. When she looked around, everyone else seemed to be progressing smoothly — some had even finished their arrangements already.

「私（わたし）だけ手際（てぎわ）が悪（わる）いな…」友美は焦（あせ）って、ひまわりの角度（かくど）を変（か）えてみたり、葉を足（た）してみたりしましたが、なんだかしっくりきません。

"I'm the only one who's so slow…" Yumi thought anxiously. She tried changing the angle of the sunflower and adding more leaves, but it still didn't feel right.

すると、先生がそばに来て「わからないときは相談（そうだん）していい*1んだよ。ひまわりをもっと使うともっと明るくなって、見ている人にエネルギーが伝（つた）わるよ」と教えてくれました。そこで、友美はひまわりを2本（にほん）足しました。すると、ぱっと作品が明るくなったのがわかりました。「そっか、メインの花は1本だけじゃなくて、もっと使っていいんだ」

Then the teacher came over and said gently, "It's okay to ask for help when you're unsure. If you use more sunflowers, your arrangement will look brighter and the viewer will feel its energy." So Yumi added two more sunflowers.
At that moment, she could see her work instantly become more showy and vivid. "I see, I don't have to stick to just one main flower — I can use more."

そのとき、2年生の佐藤（さとう）先輩（せんぱい）が完成（かんせい）した作品を持（も）って友美のほうに来ました。青（あお）いあじさいと白（しろ）いカーネーションを使った、さわやかな作品です。友美が「先輩の作品は涼（すず）しそうですてきですね」と言うと、佐藤先輩は「ありがとう。友美ちゃんの作品は元気（げんき）いっぱいだね。見てるだけで明るい気持（きも）ちになるよ」と言ってくれました。友美は先生に言われた夏のエネルギーを表現できた気がして、とてもうれしくなりました。

Just then, Sato-senpai, a second-year student, came over holding her finished arrangement. It was a refreshing piece made with blue hydrangeas and white carnations. When Yumi said, "Your arrangement looks so cool and fresh, it's beautiful, senpai," Sato-senpai smiled and replied,
"Thank you. Yours is so full of energy, Yumi. Just looking at it makes me feel brighter." Hearing that, Yumi felt truly happy — she realized she had managed to express the "summer energy" her teacher had talked about.

部活が終（お）わって掃除（そうじ）をするとき、佐藤先輩が「私も手伝（てつだ）うよ」と言ってほうきを持（も）ちました。友美は「掃除は1年生の仕事（しごと）です。先輩はいいですよ」と言いましたが、佐藤先輩は「みんなでやると早（はや）いから」と笑（わら）って手伝ってくれました。

When the club ended and it was time to clean up, Sato-senpai picked up a broom and said, "I'll help, too."
Yumi said, "Cleaning is the first-year students' job. You don't have to, Senpai."
But Sato-senpai smiled and said, "If we all do it together, it will be faster," and helped anyway.

部活のあと、友美はおばあちゃんの家（いえ）に行（い）きました。ひまわりの生け花をプレゼントしたかったからです。おばあちゃんはとてもよろこんで「友美ちゃんみたい*2に元気なひまわりだね」と言いました。友美は「もっと好きな花を教えてね。今度（こんど）、おばあちゃんの好きな花でもっと大（おお）きい作品を作ってあげる」とおばあちゃんに約束（やくそく）しました。

After the club, Yumi went to her grandmother's house. She wanted to give her the sunflower arrangement as a present. Her grandmother was very happy and said, "These are sunflowers as cheerful as you, Yumi."
Yumi replied, "Please tell me more flowers you like. Next time, I'll make you a bigger work with your favorite flowers," and made a promise to her grandmother.

（1） していい   to express permission

（2） みたい   looks like~, feels like~, sounds like~

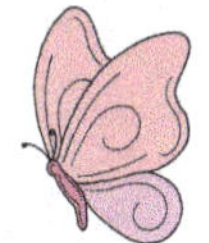

Vocabulary

華道　かどう　Japanese traditional flower arrangement

生け花　いけばな　a work of Japanese traditional flower arrangement

部長　ぶちょう　club president / manager at work

作品　さくひん　a work

花言葉　はなことば　flower language

ひまわり　sunflower

あじさい　hydrangeas

青い　あおい　blue

白い　しろい　white

表現する　ひょうげんする　to express

首をかしげる　to tilt one's head

手際が悪い　てぎわがわるい　being not efficient, being clumsy

角度　かくど　angle

足す　たす　to add

相談する　そうだんする　to consult

ぱっと　suddenly, rapidly, showy

先輩　せんぱい　senpai / used after name to mention senior students

さわやか　さわやか　refreshing

涼しい　すずしい　cool

〜気がする　きがする　to feel like 〜

掃除　そうじ　cleaning

ほうき　broom

持つ　もつ　to hold / to have

手伝う　てつだう　to help / to assist

元気いっぱい　げんきいっぱい　cheerful

約束する　やくそくする　to promise

Quiz

1 How many students are in the club in total?

- [ ] a. 12
- [ ] b. 16
- [ ] c. 7

2 How many students came to the club today?

- [ ] a. 12
- [ ] b. 16
- [ ] c. 7

3 How many sunflowers did Yumi use after all?

- [ ] a. 1
- [ ] b. 2
- [ ] c. 3

4 What year is Sato-senpai in?

- [ ] a. First
- [ ] b. Second
- [ ] c. Third

5 What is the flower language of the sunflower?

6 Who helped with cleaning?

Practice

Learn how to count people using the word 人（にん）.

1. 人（ひとり）
2. 人（ふたり）
3. 人（さんにん）
4. 人（よにん）
5. 人（ごにん）
6. 人（ろくにん）
7. 人（ななにん・しちにん）
8. 人（はちにん）
9. 人（きゅうにん）
10. 人（じゅうにん）
11. 人（じゅういちにん）
12. 人（じゅうににん）

Chapter 05

家族のためにできること/ WHAT YUMI CAN DO FOR HER FAMILY

友美はお母さんと夕飯の準備をしています。今夜のメニューは、友美の大好きなから揚げです。友美はテニス部の帰りにコンビニでから揚げを買って食べることがありますが、お母さんのから揚げが一番好きです。自分で作ったこともありますが、お母さんのようにサクサクでジューシーにはできませんでした。

「お母さん、今日のから揚げ、私の分を少し残しておくから、明日のお弁当に入れてくれる？」友美が聞きました。お母さんは「いいよ。でも、うっかり全部食べないように気をつけてね。残した分は冷蔵庫に入れておいて」と答えました。

そのとき、お父さんが家に帰ってきました。「おかえり。昨日も今日も帰りが遅いね」と友美が言いました。お父さんは「ただいま。会社でトラブルがあって、同僚と一緒に対応していたんだ」と苦笑いしました。お母さんは心配そうに「無理しないでね」と言いました。

するとお父さんは「そうだね。来週は有給を取って休もうかな」と言って、ソファーに座りました。お父さんがとても疲れているように見えたので、友美の胸は少し痛みました。

友美は考えました。お父さんは毎日仕事で遅くまでがんばっている。お母さんも、朝早く起きて家族のお弁当を作ってからパートに行っている。なのに、自分は学校のことしか考えていない。お父さんとお母さんは毎日家族のことを考えてくれているのに、私は少し自分勝手かもしれない。そう思ったら、なんだか自分のことが恥ずかしくなりました。

「小さなことでも、私も家族のために何かしたい」と友美は思いました。そこで、「お母さん、明日は私がお弁当を作るよ。お母さんとお父さんの分も」と言いました。

お母さんは「本当？ ありがとう。とっても助かるよ」とうれしそうに笑いました。お父さんも「友美は優しいね」と言ってにっこりしました。明日の朝はいつもより早く起きて、お弁当を作らなければいけません。「ちゃんと起きられるかな。うまくできるかな」と不安になり、そして、毎日早く起きておいしいお弁当を作っているお母さんはすごいなと思いました。

次の日、友美はいつもより1時間早く起きました。ソーセージを焼いて、卵焼きとおにぎりを作りました。昨日の夕飯のから揚げを3つ残していたので、それも1つずつ入れました。でも、ソーセージは少し焦げてしまったし、卵焼きも形がくずれていて、ちょっと申し訳ない気持ちになりました。

お昼になると、お父さんからLINEが来ました。お弁当の写真と一緒に「おいしいよ、ありがとう」と書いてありました。「がんばったんだけど、あんまりきれいに作れなかった」と返信すると、「でも、味はとってもおいしいよ。おいしすぎて感動の涙が出ちゃう」というメッセージと一緒に、変顔の写真を送ってきたので、友美は思わず吹き出しました。

その日の夜、「お母さん、私、今日うまくできなかったから明日もお弁当作りたい」と言うと、お母さんは少し驚いた顔をしてから、「じゃあ、お母さんと一緒に作ろう。でも、今日のお弁当おいしかったよ。友美がもっと上手になりたいなら、これからたまにお母さんと一緒に練習しよう」と笑いました。友美はお父さんとお母さんが喜んでくれたことがうれしく、「いろいろ教えてもらいながら、少しずつもっとお手伝いしていこう」と思いました。

Synopsis

友美は家族を助けるためみんなの分のお弁当を作ることにします。あまりうまくできませんでしたが、お父さんもお母さんも「おいしい」と言ってくれました。喜んでもらえたことがうれしく、これからもお母さんに教えてもらいながらもっとお手伝いをしていこうと決めました。

Yumi decided to help her family by taking on the job of making everyone's lunchboxes. She wasn't too happy with her cooking, but both her father and mother told her it was delicious. That positive feedback inspired her, and she decided to keep helping her family out, learning more with her mother's assistance.

English Translation with Furigana

友美はお母（かあ）さんと夕飯（ゆうはん）の準備（じゅんび）をしています。今夜（こんや）のメニューは、友美の大好（だいす）きなから揚（あ）げです。友美はテニス部（ぶ）の帰（かえ）りにコンビニでから揚げを買（か）って食（た）べることがありますが、お母さんのから揚げが一番（いちばん）好きです。自分（じぶん）で作（つく）ったこともありますが、お母さんのようにサクサクでジューシーにはできませんでした。

Yumi is preparing dinner with her mother. Tonight's menu is Yumi's favorite, karaage (fried chicken). Sometimes, on her way home from the tennis club, Yumi buys karaage at a convenience store and eats it, but she likes her mother's karaage the most. She has tried making it herself, but she could not make it as crispy and juicy as her mother's.

「お母さん、今日（きょう）のから揚げ、私（わたし）の分（ぶん）を少（すこ）し残（のこ）しておくから、明日（あした）のお弁当（べんとう）に入（い）れてくれる？」友美が聞（き）きました。お母さんは「いいよ。でも、うっかり全部（ぜんぶ）食べないように気（き）をつけてね。残した分は冷蔵庫（れいぞうこ）に入れておいて」と答（こた）えました。

"Mom, I'll leave a little of today's karaage, so can you put them in my lunchbox tomorrow?" Yumi asked.
Her mother replied, "Sure. But be careful not to eat them all by mistake. Put the leftovers in the refrigerator."

そのとき、お父（とう）さんが家（いえ）に帰（かえ）ってきました。「おかえり。昨日（きのう）も今日も帰りが遅（おそ）いね」と友美が言（い）いました。お父さんは「ただいま。会社（かいしゃ）でトラブルがあって、同僚（どうりょう）と一緒（いっしょ）に対応（たいおう）していたんだ」と苦笑（にがわら）いしました。お母さんは心配（しんぱい）そうに「無理（むり）しないでね」と言いました。

Then, her father came home. "Welcome back. You came home late yesterday and today too," Yumi said.
Her father said with a wry smile, "I'm home. There was some trouble at work, and I was dealing with it together with my coworkers."
Her mother said with concern, "Don't push yourself too hard."

するとお父さんは「そうだね。来週（らいしゅう）は有休（ゆうきゅう）を取（と）って休（やす）もうかな」と言（い）って、ソファーに座（すわ）りました。お父さんがとても疲（つか）れているように見えたので、友美の胸（むね）は少（すこ）し痛（いた）みました。

Then her father said, "You're right. Maybe I'll take paid leave next week and rest a bit," and sat down on the sofa. He looked very tired, so Yumi felt a small ache in her chest.

友美は考（かんが）えました。お父さんは毎日（まいにち）仕事（しごと）で遅（おそ）くまでがんばっている。お母さんも、朝（あさ）早（はや）く起（お）きて家族（かぞく）のお弁当を作ってからパートに行っている。なのに、自分（じぶん）は学校（がっこう）のことしか考えていない。お父さんとお母さんは毎日家族のことを考えてくれているのに、私は少（すこ）し自分勝手（かって）かもしれない。そう思（おも）ったら、なんだか自分のことが恥（は）ずかしくなりました。

Yumi thought to herself: Dad works late every day, and Mom gets up early to make our lunches before going to her part-time job. But I've only been thinking about school. They're always thinking about our family, yet I might be a little selfish. When she realized that, she felt a bit ashamed of herself.

「小（ちい）さなことでも、私も家族のために何（なに）かしたい」と友美は思いました。そこで、「お母さん、明日は私がお弁当を作るよ。お母さんとお父さんの分（ぶん）も」と言いました。
"Even if it's something small, I want to do something for my family too," Yumi thought. So she said, "Mom, I'll make the lunchboxes tomorrow. For you and Dad, too."

お母さんは「本当（ほんとう）？ ありがとう。とっても助（たす）かるよ」とうれしそうに笑（わら）いました。お父さんも「友美は優（やさ）しいね」と言ってにっこりしました。明日の朝はいつもより早く起きて、お弁当を作らなければいけません。「ちゃんと起きられるかな。うまくできるかな」と不安（ふあん）になり、そして、毎日早く起きておいしいお弁当を作っているお母さんはすごいなと思いました。
Her mother smiled happily and said, "Really? Thank you. That would be such a big help."
Her father also smiled and said, "You're so kind, Yumi." Yumi realized she would have to get up earlier than usual the next morning to make the lunches. She felt nervous — Will I be able to wake up on time? Will it turn out okay? — and she thought her mother, who woke up early every day to make delicious lunches, was truly amazing.

次（つぎ）の日（ひ）、友美はいつもより1時間（いちじかん）早く起きました。ソーセージを焼（や）いて、卵焼（たまごや）きとおにぎりを作りました。昨日（きのう）の夕飯のから揚げを3つ残していたので、それも1つずつ入（い）れました。でも、ソーセージは少し焦（こ）げてしまったし、卵焼きも形（かたち）がくずれていて、ちょっと申（もう）し訳（わけ）ない気持（きも）ちになりました。
The next day, Yumi woke up an hour earlier than usual. She fried sausages, made a rolled omelet, and shaped some rice balls. She had saved three pieces of fried chicken from dinner the night before, so she put one in each lunchbox. However, the sausages got a little burnt, and the omelet lost its shape, so she felt a little sorry about that.

お昼（ひる）になると、お父さんからLINEが来（き）ました。お弁当の写真（しゃしん）と一緒（いっしょ）に「おいしいよ、ありがとう」と書（か）いてありました。「がんばったんだけど、あんまりきれいに作れなかった」と返信（へんしん）すると、「でも、味（あじ）はとってもおいしいよ。おいしすぎて感動（かんどう）の涙（なみだ）が出（で）ちゃう」というメッセージと一緒に、変顔（へんがお）の写真を送（おく）ってきたので、友美は思わず吹（ふ）き出（だ）しました。
At lunchtime, Yumi received a LINE message from her father. It showed a picture of his lunch with the words, "It's delicious, thank you!"
Yumi replied, "I tried my best, but it didn't turn out very neat," and her father sent back, "But it tastes amazing! It's so good I could cry tears of joy," along with a funny face selfie. Yumi couldn't help laughing out loud.

その日の夜（よる）、「お母さん、私、今日うまくできなかったから明日もお弁当作りたい」と言うと、お母さんは少し驚（おどろ）いた顔（かお）をしてから、「じゃあ、お母さんと一緒に作ろう。でも、今日のお弁当おいしかったよ。友美がもっと上手（じょうず）になりたいなら、これからたまにお母さんと一緒に練習（れんしゅう）しよう」と笑いました。友美はお父さんとお母さんが喜（よろこ）んでくれたことがうれしく、「いろいろ教え（おし）てもらいながら、少しずつもっとお手伝（てつだ）いしていこう」と思いました。

That night, Yumi said, "Mom, I didn't do so well today, so I want to make lunch again tomorrow."

Her mother looked a little surprised, then smiled and said, "Okay, let's make it together. But today's lunch was really good. If you want to get better, we can practice together from time to time."

Yumi was happy that her parents were pleased. "I'll keep learning from Mom and little by little help out more around the house," she thought.

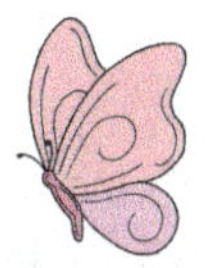

Vocabulary

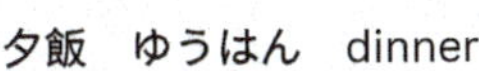

夕飯　ゆうはん　dinner

準備する　じゅんびする　to prepare

サクサク　crispy

気をつける　きをつける　to be careful

弁当　べんとう　lunchbox

冷蔵庫　れいぞうこ　refrigerator

会社　かいしゃ　company / office / work

同僚　どうりょう　coworker

苦笑い　にがわらい　a wry smile

心配　しんぱい　worry

疲れる　つかれる　to get tired

来週　らいしゅう　next week

有休　ゆうきゅう　paid leave

忙しい　いそがしい　busy

パート　a part / part-time job

早起き　はやおき　waking up early

自分勝手　じぶんかって　selfish

にっこりする　to smile

卵焼き　たまごやき　rolled omelet

おにぎり　rice ball

焼く　やく　to fry

焦げる　こげる　to burn

くずれる　to crumble

申し訳ない　もうしわけない　to be sorry

味　あじ　taste

変顔　へんがお　funny face, silly face

Quiz

1 **Where did Yumi's mother ask Yumi to put the leftovers?**

☐ a. In the refrigerator

☐ b. In the freezer

☐ c. In Yumi's lunchbox

2 **Why did Yumi decide to make the lunchboxes for the next day?**

☐ a. Because her mother asked to do so

☐ b. Because her father needed one

☐ c. Because she wanted to help her family

3 **How many karaage(fried chicken) did Yumi put in HER lunchbox?**

☐ a. 1

☐ b. 2

☐ c. 3

4 **Why did Yumi laugh at lunch?**

Chapter 06

友美の落とし物/ YUMI'S LOST ITEM

学校の帰り、友美は電車に乗るために駅に着きました。しかし、改札で定期を出そうとしたとき、かばんの中を探しても定期が見つかりません。「定期がない…！ 朝はあったはずなのに…」

ポーチの中を開けても、筆箱の下を探しても、ポケットにも入っていません。もしかして、学校に置いてきた？ それとも、どこかで落としちゃった？ あわてて改札の前でかばんのなかをゴソゴソしていると、改札を通る人とぶつかってしまい、舌打ちされてしまいました。友美は「ごめんなさい」と小さな声で謝りましたが、恥ずかしくて涙が出そうになりました。どうしたらいいか迷っていると、駅員さんのいる窓口が目に入りました。「そうだ、駅員さんに相談しよう」と、友美は窓口へ向かいました。

「すみません、あの、定期をなくしてしまったみたいなんです」友美はおそるおそる駅員さんに言いました。駅員さんはうなずいて、落ち着いた声で言いました。「では、再発行しましょうか。まず、身分証明書を見せてもらえますか？ 学生証でも大丈夫です。」

友美は学生証を出しました。駅員さんは「ちょっと待っててくださいね」と言って、窓口の奥にあるデスクに行き、パソコンで何かを確認しています。

しばらくしてから、友美のところに戻ってきました。「この書類にお名前と生年月日、電話番号を書いてください。これで古い定期は使えなくなります。新しい定期は今日から使えますよ。」

友美は「ありがとうございます」と言って書類とペンを受け取りました。書類を書き終わると、駅員さんは新しい定期を渡してくれました。「これで改札を通れますよ。もし、古い定期が見つかっても、古い定期はもう使えません。新しいほうを使ってください。今度はなくさないように気をつけてくださいね。」

「はい、ありがとうございます！」と元気に友美はお礼を言いました。駅員さんが優しかったので、友美はほっとしました。「怖い人じゃなくてよかった。もし冷たい人だったら、泣いていたかもしれない」と思いました。

家に帰ると、友美はお母さんに今日のことを話しました。「お母さん、今日定期をなくしちゃったの。でも駅で再発行してもらったから、もう大丈夫。」

お母さんは、「無事に手続きできてよかったね。なくしちゃった定期も、誰かが拾ってそのうち届けてくれるかもしれないよ。お母さんがお父さんと初めて話したのは、お母さんが落とした学生証をお父さんが届けに来てくれたときなんだよ」と笑いました。

「そうなの！知らなかった！」と言って、友美はお父さんとお母さんの若いときの話をいろいろと質問しました。「お母さん、私の定期、もしかしたら芸能人が拾ってくれたかもしれないよ」と言うと、お母さんは大笑いしました。

Synopsis

友美は下校中に定期をなくしたことに気づき、とても焦ります。おそるおそる駅員さんに相談すると、優しく再発行の手続きをしてくれました。お母さんが落とし物をきっかけにお父さんと仲良くなったことを知ると、自分の定期は芸能人に拾われたかもしれないと冗談を言ってお母さんを笑わせます。

On her way home from school, Yumi noticed her train pass was missing and started to panic. When she went to the station office nervously, the staff member was kind and helped her reissue it right away. Later, her mother told her that she and Yumi's father had become closer after a similar incident. Hearing that, Yumi joked that maybe a celebrity had found her pass, which made her mom laugh.

English Translation with Furigana

学校（がっこう）の帰（かえ）り、友美は電車（でんしゃ）に乗（の）るために駅（えき）に着（つ）きました。しかし、改札（かいさつ）で定期（ていき）を出（だ）そうとしたとき、かばんの中（なか）を探（さが）しても定期が見（み）つかりません。「定期がない…！ 朝（あさ）はあったはずなのに…」

On her way home from school, Yumi arrived at the station to take the train. However, when she tried to take out her commuter pass at the ticket gate, she couldn't find it in her bag. "My pass is gone…! I had it this morning…"

ポーチの中（なか）を開（あ）けても、筆箱（ふでばこ）の下（した）を探しても、ポケットにも入（はい）っていません。もしかして、学校に置（お）いてきた? それとも、どこかで落（お）としちゃった? あわてて改札の前（まえ）でかばんのなかをゴソゴソしていると、改札を通（とお）る人とぶつかってしまい、舌打（したう）ちされてしまいました。友美は「ごめんなさい」と小（ちい）さな声（こえ）で謝（あやま）りましたが、恥（は）ずかしくて涙（なみだ）が出（で）そうになりました。どうしたらいいか迷（まよ）っていると、駅員（えきいん）さんのいる窓口（まどぐち）が目（め）に入（はい）りました。「そうだ、駅員さんに相談（そうだん）しよう」と、友美は窓口へ向（む）かいました。

When Yumi opened her pouch, looked under her pencil case, and checked her pockets, her commuter pass was nowhere to be found. Did I leave it at school? Or maybe I dropped it somewhere? Panicking, she rummaged through her bag in front of the ticket gate. In the process, she accidentally bumped into someone passing through, and they clicked their tongue at her in annoyance. "I'm sorry…" Yumi whispered, but she felt so embarrassed that she was about to cry. Unsure what to do, she looked around and noticed the station office window where the station staff were. "That's it, I'll ask the station staff for help," she thought, and walked toward the counter.

「すみません、あの、定期をなくしてしまったみたいなんです」友美はおそるおそる駅員さんに言（い）いました。駅員さんはうなずいて、落（お）ち着（つ）いた声で言いました。「では、再発行（さいはっこう）しましょうか。まず、身分証明書（みぶんしょうめいしょ）を見（み）せてもらえますか? 学生証（がくせいしょう）でも大丈夫（だいじょうぶ）です。」

"Um, excuse me… I think I lost my commuter pass," Yumi said nervously.
The station staff nodded and replied in a calm voice, "All right, shall we reissue it for you? First, may I see some identification? A student ID will be fine."

友美は学生証を出しました。駅員さんは「ちょっと待（ま）っててくださいね」と言（い）って、窓口の奥（おく）にあるデスクに行（い）き、パソコンで何（なに）かを確認（かくにん）しています。しばらくしてから、友美のところに戻（もど）ってきました。「この書類（しょるい）にお名前（なまえ）と生年月日（せいねんがっぴ）、電話番号（でんわばんごう）を書（か）いてください。これで古（ふる）い定期は使（つか）えなくなります。新（あたら）しい定期は今日（きょう）から使えますよ。」

Yumi showed her student ID. The staff said, "Please wait a moment," and went to a desk at the back to check something on the computer. After a while, they came back. "Please write your name, date of birth, and phone number on this form. This will cancel your old pass, and your new pass can be used starting today."

友美は「ありがとうございます」と言って書類とペンを受（う）け取（と）りました。書類を書き終（お）わると、駅員さんは新しい定期を渡（わた）してくれました。「これで改札を通（とお）れますよ。もし、古い定期が見つかっても、古い定期はもう使えません。新しいほうを使ってください。今度（こんど）はなくさないように気（き）をつけてくださいね。」
"Thank you very much," Yumi said as she took the form and pen.
After filling it out, the staff handed her the new commuter pass. "Now you can go through the gates. Even if the old pass is found, it can no longer be used. Please make sure not to lose this one."

「はい、ありがとうございます！」と元気（げんき）に友美はお礼（れい）を言いました。駅員さんが優（やさ）しかったので、友美はほっとしました。「怖（こわ）い人（ひと）じゃなくてよかったな。もし冷たい人だったら、泣いていたかもしれない」と思（おも）いました。
"Yes, thank you!" Yumi said cheerfully. Yumi felt relieved because the station staff were kind. She thought to herself, "I'm glad they weren't scary. If they were mean, I might have cried."

家（いえ）に帰ると、友美はお母（かあ）さんに今日（きょう）のことを話（はな）しました。「お母さん、今日定期をなくしちゃったの。でも駅で再発行してもらったから、もう大丈夫。」
When she got home, Yumi told her mother what happened. "Mom, I lost my commuter pass today. But I got it reissued at the station, so it's okay now."

お母さんは、「無事（ぶじ）に手続（てつづ）きできてよかったね。なくしちゃった定期も、誰（だれ）かが拾（ひろ）ってそのうち届（とど）けてくれるかもしれないよ。お母さんがお父（とう）さんと初（はじ）めて話したのは、お母さんがなくした学生証（がくせいしょう）をお父さんが届けに来てくれたときなんだよ」と笑（わら）いました。
Her mother smiled and said, "I'm glad you were able to handle it without problem. Maybe someone will find the old pass and turn it in. You know, the first time I talked to your father was when he delivered my lost student ID."

「そうなの！知（し）らなかった！」と言って、友美はお父さんとお母さんの若（わか）いときの話（はなし）をいろいろと質問しました。「お母さん、私の定期、もしかしたら芸能人（げいのうじん）が拾ってくれたかもしれないよ」と言うと、お母さんは大笑（おおわら）いしました。
"Really! I didn't know that!" Yumi exclaimed and asked many questions about her parents when they were young. "Mom, maybe a celebrity found my commuter pass!" she joked, and her mother laughed heartily.

Vocabulary

改札　かいさつ　ticket gate

定期　ていき　commuter pass

探す　さがす　to look for

落とす　おとす　to drop, to lose

あわてる　to panic

舌打ちをする　したうちをする　to click one's tongue (from irritation)

駅員　えきいん　train staff

目に入る　めにはいる　to come into view

なくす　to lose

窓口　まどぐち　counter / window / front desk

再発行　さいはっこう　to reissue

身分証明書　みぶんしょうめいしょ　ID

学生証　がくせいしょう　student ID

書類　しょるい　paper

生年月日　せいねんがっぴ　date of birth

古い　ふるい　old

お礼　おれい　expression of gratitude

ほっとする　to be relieved

拾う　ひろう　to pick up / to find and pick up

届ける　とどける　to deliver

若い　わかい　young

芸能人　げいのうじん　celebrity

大笑いする　おおわらいする　to laugh out loud

Quiz

1 **Which one of these did NOT Yumi write on the form?**

☐ a. Her phone number

☐ b. Her date of birth

☐ c. Her address

2 **What did Yumi think about the station staff?**

☐ a. They were kind

☐ b. They were mean

☐ c. They were cheerful

3 **Who does Yumi hope to find her commuter pass?**

☐ a. Her father

☐ b. Her crush

☐ c. A celebrity

Writing prompt

Write a sentence in Japanese using ほっとする.

Chapter 07

敬老の日/ RESPECT-FOR-THE-AGED DAY

今日は敬老の日です。友美はお父さんとお母さんと一緒におばあちゃんの家に行ってお祝いします。敬老の日は毎年9月の第3月曜日にあり、今年は9月15日です。友美はおばあちゃんのためにバラとユリ、ラベンダーを使った生け花を作りました。

「敬老の日って、昔小さな村で始まったお祝いなんだっけ。一つの村のお祝いが全国に広まったの、おもしろいよね」とお父さんが言ったので、友美は「小学校のイベントで、敬老の日に近所の老人ホームにお祝いに行ったよ。おりがみでお花を作ったの。みんな喜んでくれて、うれしかったなぁ」と思い出話をしました。そして、おじいちゃんの喜ぶ顔も見てみたかったな、と思いました。

おじいちゃんは友美が小さいときに亡くなりました。おばあちゃんは、おじいちゃんが亡くなってからずっと一人暮らしをしています。お母さんが「一緒に住もう」と言いましたが、おばあちゃんは「おじいちゃんと一緒に住んだ家にいたい」と言って、お母さんの提案を断りました。でも、おばあちゃんの家は友美の家から近いので、友美はよくおばあちゃんの家に遊びに行きます。

おばあちゃんの家に着くと、友美は「敬老の日おめでとう、おばあちゃん。これからも元気で長生きしてね！」と言って生け花をプレゼントしました。お父さんとお母さんも、おばあちゃんのために買ったどら焼きとようかんをプレゼントしました。おばあちゃんは、友美の生け花を受け取ると、「まあ、友美ちゃんありがとう。きれいだから、おじいちゃんにも見せてあげようね」と言って、仏壇に持っていきました。「おばあちゃん、最近体の調子はどう？」とお母さんが聞くと、おばあちゃんは「まあまあだよ。ひざがちょっと痛いけど、健康のために朝の体操はちゃんと毎日してるよ」と答えました。友美は心配になって、「無理しないでね。困ったことがあったらすぐ言ってね」と言いました。おばあちゃんは、「ありがとう、友美ちゃんは本当にいつも優しいね。でもおばあちゃんは友美ちゃんに会うだけで元気になるよ」と笑いました。

その言葉を聞いて、友美は胸の奥がじんと温かくなりました。けれど、同時に少しだけ不安にもなりました。「おじいちゃんみたいに、おばあちゃんもいつか調子が悪くなってしまうのかな。」おじいちゃんは病気で長い間入院していて、友美はあんまりおじいちゃんと話したり遊んだりしたことがありません。アルバムの写真で見るおじいちゃんは元気そうですが、友美が覚えているおじいちゃんはいつもベッドに横になっていました。おばあちゃんもいつか調子が悪くなって、あんまりお話できなくなっちゃうのかな、と考えると、友美は悲しくなりました。今日みたいに家族で集まって楽しく過ごせる時間は、実は思っているより短いのかもしれない、と考えてしまいました。

「どうしたの、友美ちゃん」と、暗い顔をしている友美に気づいたおばあちゃんが聞きました。「なんでもないよ。ただ、おじいちゃんともっと話してみたかったなって思ったの。ねえ、おばあちゃん。一人で本当にさみしくない？」友美が思い切って聞いてみると、おばあちゃんは微笑みながら言いました。「平気だよ。おじいちゃんとの思い出がたくさんあるから、毎日いろんなことを思い出して、天国のおじいちゃんと会話するの。あんなことあったね、こんなことしたねって話すのよ。友美ちゃんも、おばあちゃんが天国に行ったら一緒に思い出話してね。」

おばあちゃんの言葉に、友美は少し泣きそうになりました。おばあちゃんがいなくなったら嫌だけど、今はいっぱい思い出を作ろうと思いながら、おばあちゃんの手をぎゅっと握りました。「おばあちゃん、一緒に生け花しよう。明日一緒にお花屋さんに行ってみない？」と尋ねると、おばあちゃはうれしそうにうなずきました。

Synopsis

敬老の日、友美はお祝いのためにおばあちゃんの家に行きますが、亡くなったおじいちゃんのことを思い出し、おばあちゃんの健康を心配して少し悲しくなりました。しかし、おばあちゃんに「天国のおじいちゃんと思い出話をしているからさみしくない」と言われた友美は、今はおばあちゃんとの思い出をたくさん作ることに集中しようと決めます。

For Respect for the Aged Day, Yumi went to her grandmother's house for a celebration. Seeing her grandmother made Yumi remember her grandfather, who had passed away, and she felt a bit sad worrying about her grandmother's health. However, her grandmother reassured her, saying she wasn't lonely because she often "shares memories with Grandpa in heaven." Hearing this, Yumi decided to focus on the present and make lots of new memories with her grandmother now.

English Translation with Furigana

今日（きょう）は敬老（けいろう）の日（ひ）です。友美はお父（とう）さんとお母（かあ）さんと一緒（いっしょ）におばあちゃんの家（いえ）に行（い）ってお祝（いわ）いします。敬老の日は毎年（まいとし）9月（くがつ）の第3（だいさん）月曜日（げつようび）にあり、今年（ことし）は9月（くがつ）15日（じゅうごにち）です。友美はおばあちゃんのためにバラとユリ、ラベンダーを使（つか）った生（い）け花（ばな）を作（つく）りました。

Today is Respect-for-the-Aged Day. Yumi is going to her grandmother's house with her father and mother to celebrate. Respect-for-the-Aged Day is held every year on the third Monday of September, and this year it is September 15. Yumi made a flower arrangement for her grandmother using roses, lilies, and lavender.

「敬老の日って、昔（むかし）小（ちい）さな村（むら）で始（はじ）まったお祝いなんだっけ。一（ひと）つの村のお祝いが全国（ぜんこく）に広（ひろ）まったの、おもしろいよね」とお父さんが言（い）ったので、友美は「小学校（しょうがっこう）のイベントで、敬老の日に近所（きんじょ）の老人（ろうじん）ホームにお祝いに行ったよ。おりがみでお花（はな）を作ったの。みんな喜（よろこ）んでくれて、うれしかったなぁ」と思（おも）い出（で）話（ばなし）をしました。そして、おじいちゃんの喜ぶ顔（かお）も見（み）てみたかったな、と思いました。

Her father said, "Respect-for-the-Aged Day started long ago as a celebration in a small village, didn't it? It's interesting how one village's event spread across the whole country."

Yumi replied, "When I was in elementary school, we had an event for Respect-for-the-Aged Day. We visited a local nursing home and made paper flowers out of origami. Everyone was so happy, and it made me really glad." Then she thought to herself, "I wish I could see Grandpa's happy face, too."

おじいちゃんは友美が小さいときに亡くなりました。おばあちゃんは、おじいちゃんが亡（な）くなってからずっと一人暮（ひとりぐ）らしをしています。お母さんが「一緒に住（す）もう」と言いましたが、おばあちゃんは「おじいちゃんと一緒に住んだ家にいたい」と言って、お母さんの提案（ていあん）を断（ことわ）りました。でも、おばあちゃんの家は友美の家から近（ちか）いので、友美はよくおばあちゃんの家に遊（あそ）びに行きます。

Her grandfather passed away when she was little. Her grandmother has been living alone since then. Yumi's mother has said, "Why don't you live with us?" but her grandmother has said, "I want to stay in the house where I lived with your father," and declined her mother's suggestion. However, her grandmother's house is close to Yumi's, so Yumi often goes to her grandmother's house to visit.

おばあちゃんの家に着（つ）くと、友美は「敬老の日おめでとう、おばあちゃん。これからも元気（げんき）で長生（ながい）きしてね！」と言（い）って生け花をプレゼントしました。お父さんとお母さんも、おばあちゃんのために買（か）ったどら焼（や）きとようかんをプレゼントしました。

When they arrived at her grandmother's house, Yumi said, "Happy Respect-for-the-Aged Day, Grandma. Please stay healthy and live a long life!" and gave her the flower arrangement. Her father and mother also gave her dorayaki and yokan that they had bought for her grandmother.

おばあちゃんは、友美の生け花を受（う）け取（と）ると、「まあ、友美ちゃんありがとう。きれいだから、おじいちゃんにも見（み）せてあげようね」と言って、仏壇（ぶつだん）に持（も）っていきました。

When her grandmother received Yumi's flower arrangement, she said, "Oh, thank you, Yumi. It's so beautiful. I'll show it to your grandfather too," and took it to the family Buddhist altar to show her husband in heaven.

「おばあちゃん、最近（さいきん）体（からだ）の調子（ちょうし）はどう？」とお母さんが聞（き）くと、おばあちゃんは「まあまあだよ。ひざがちょっと痛（いた）いけど、健康（けんこう）のために朝（あさ）の体操（たいそう）はちゃんと毎日（まいにち）してるよ」と答（こた）えました。友美は心配（しんぱい）になって、「無理（むり）しないでね。困（こま）ったことがあったらすぐ言ってね」と言いました。おばあちゃんは、「ありがとう、友美ちゃんは本当（ほんとう）にいつも優（やさ）しいね。でもおばあちゃんは友美ちゃんに会（あ）うだけで元気になるよ」と笑（わら）いました。

"Grandma, how have you been feeling lately?" asked her mother.
Her grandmother replied, "I'm okay. My knees hurt a little, but I make sure to do my morning exercises every day for my health."
Yumi, worried, said, "Take it easy, okay? If anything happens, tell me right away."
Her grandmother smiled and said, "Thank you, Yumi. You're really always so kind. But just seeing you makes me feel better."

その言葉（ことば）を聞（き）いて、友美は胸（むね）の奥（おく）がじんと温（あたた）かくなりました。けれど、同時（どうじ）に少（すこ）しだけ不安（ふあん）にもなりました。「おじいちゃんみたいに、おばあちゃんもいつか調子（ちょうし）が悪（わる）くなってしまうのかな。」

When Yumi heard those words, she felt a warm glow deep in her chest. But at the same time, a small feeling of worry crept in. "I wonder… will Grandma someday get sick too, just like Grandpa did?"

おじいちゃんは病気（びょうき）で長（なが）い間（あいだ）入院（にゅういん）していて、友美はあんまりおじいちゃんと話（はな）したり遊んだりしたことがありません。アルバムの写真（しゃしん）で見るおじいちゃんは元気そうですが、友美が覚（おぼ）えているおじいちゃんはいつもベッドに横（よこ）になっていました。

Yumi's grandfather had been hospitalized for a long time due to illness, so Yumi had not had many chances to talk or play with him. In the photo album, he looks healthy, but the grandfather Yumi remembers was always lying in bed.

おばあちゃんもいつか調子が悪くなって、あんまりお話（はなし）できなくなっちゃうのかな、と考えると、友美は悲（かな）しくなりました。今日みたいに家族（かぞく）で集（あつ）まって楽（たの）しく過（す）ごせる時間（じかん）は、実（じつ）は思っているより短（みじか）いのかもしれない、と考えてしまいました。

When Yumi thought about how her grandmother might also someday become unwell and no longer be able to talk much, she felt a deep sadness. She realized that the time she could spend happily together with her family—like today—might actually be shorter than she had ever imagined.

「どうしたの、友美ちゃん」と、暗（くらい）い顔をしている友美に気（き）づいたおばあちゃんが聞きました。「なんでもないよ。ただ、おじいちゃんともっと話してみたかったなって思ったの。ねえ、おばあちゃん。一人で本当（ほんとう）にさみしくない？」友美が思い切（き）って聞いてみると、おばあちゃんは微笑（ほほえ）みながら言いました。「平気（へいき）だよ。おじいちゃんとの思い出がたくさんあるから、毎日（まいにち）いろんなことを思い出して、天国（てんごく）のおじいちゃんと会話（かいわ）するの。あんなことあったね、こんなことしたねって話すのよ。友美ちゃんも、おばあちゃんが天国に行ったら一緒に思い出話してね。」
Noticing Yumi's downcast expression, her grandmother asked, "What's the matter, Yumi?" "It's nothing... I was just thinking that I wish I could've talked more with Grandpa. Grandma, are you really not lonely being by yourself?" Yumi asked, gathering her courage, then her grandmother smiled warmly and replied, "I'm all right. I have so many memories with your grandpa. Every day, I think back on those times and talk to him in heaven—about the things we did and the moments we shared. When I go to heaven someday, Yumi, let's talk about our memories together, okay?"

おばあちゃんの言葉に、友美は少し泣（な）きそうになりました。おばあちゃんがいなくなったら嫌（いや）だけど、今（いま）はいっぱい思い出を作ろうと思いながら、おばあちゃんの手をぎゅっと握（にぎ）りました。
Hearing those words, Yumi felt tears well up in her eyes. She didn't want her grandmother to be gone, but she thought that for now, she wanted to make as many memories together as she could. She squeezed her grandmother's hand tightly.

「おばあちゃん、一緒に生け花しよう。明日（あした）一緒にお花屋（はなや）さんに行ってみない？」と尋（たず）ねると、おばあちゃはうれしそうにうなずきました。
"Grandma, let's do flower arranging together. How about we go to the flower shop tomorrow?" she asked. Her grandmother nodded happily.

Vocabulary

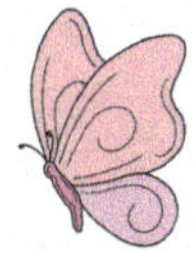

敬老の日　けいろうのひ Respect-for-the-Aged Day (a national holiday)
お祝いする　おいわいする　to celebrate
毎年　まいとし　every year
バラ　rose
ユリ　lily
ラベンダー　lavender
村　むら　village
全国　ぜんこく　nationwide
小学校　しょうがっこう　elementary school
近所　きんじょ　neighborhood
老人ホーム　ろうじんホーム　nursing home
思い出話　おもいでばなし　reminiscence
亡くなる　なくなる　to pass away
一人暮らし　ひとりぐらし living alone
住む　すむ to live somewhere
断る　ことわる　to turn down
長生きする　ながいきする　to live a long life
どら焼き　どらやき　red bean pancake
ようかん　ようかん　red bean jelly
仏壇　ぶつだん　a family Buddhist altar
最近　さいきん　lately
調子　ちょうし　condition
まあまあ　okay / not great but not bad at all
ひざ　knee
痛い　いたい　painful
健康　けんこう　health / being healthy
体操　たいそう　exercise
病気　びょうき　illness
入院する　にゅういんする　to be hospitalized
覚えている　おぼえている　to remember
横になる　よこになる　to lie down
過ごす　すごす　to spend (time)
実は　じつは　actually, in fact
微笑む　ほほえむ　to smile
天国　てんごく　heaven
思い出す　おもいだす　to remember
思い出　おもいで　memories

Quiz

1. Why did Yumi's grandmother not want to move out of her house?

2. What does Yumi remember her grandfather always doing?

3. What evidence in the story shows that Yumi's grandmother still loves her husband?

Role-play

a. Ask 「最近体の調子はどう？」

b. Answer as おばあちゃん

Useful vocabulary for the role-play

- 良（よ）い　good
- 悪（わる）い　bad
- 腰（こし）が痛（いた）い　My lower back hurts
- 肩（かた）が痛（いた）い　My shoulder hurts
- どこも悪（わる）くない　There's nothing wrong
- よく眠（ねむ）れている　I'm sleeping well

Writing prompt

あなたなら、あなたのおばあちゃんとどんなことをして楽しく過ごしたいですか。

Chapter 08

遠足に行く / A FIELD TRIP

友美のクラスは、今日は遠足の日です。歴史の授業の先生の提案で、落語を見に行きます。落語は、日本に昔からあるお笑いです。1人の人が舞台に座って、声や表情だけで物語を話します。道具はほとんど使わず、扇子や手ぬぐいだけで場面を表します。落語には、笑える話や感動する話など、いろいろな種類があります。

同じクラスの男の子が、遠足へ向かう途中で「落語なんてださいよな」と言いました。友美はむっとして、顔をしかめました。まだ見ていないのに、どうしてそんなこと言うの? そんなこと言われたら、こっちもテンション下がると思いましたが、今はもめたくないので、何も言いませんでした。

今日見る落語は「まんじゅう怖い」という話です。この話は有名な笑い話です。ある男がまんじゅうが怖いと言うので、友達がそれをからかい、夜にこっそりまんじゅうを部屋に置きます。すると、男は「まんじゅうだ、こんな怖いものは全部食べてしまおう」と言いながら、おいしそうにまんじゅうを食べるのです。

友美は初めて落語を見ます。友美は落語家の表情の豊かさや声のバリエーションの多さに驚きました。また、まんじゅうを怖がる男の動きがおもしろくて、大きな声で笑いました。

学校に戻る途中、友美はクラスメイトの真里ちゃんに「おもしろかったね。落語ってもっと難しくてつまらないものだと思ってた」と言うと、真里ちゃんも「本当におもしろかったね！ また見に行きたいな。昔の人も同じ話で笑っていたんだと思うと、不思議な気持ちだね」と言いました。

友美は、「ねえ、真里ちゃんなら何が怖いって言う？ 」と聞いてみました。真里ちゃんは、「うーん、メロンパンかな」と答えたので、友美は「やっぱり！ 」と言って笑いました。真里ちゃんが「友美ちゃんはから揚げでしょう？ 」と言うので、友美は「うける、私たち、お互いのこと何でも知ってるね」と言ってもっと笑いました。

しかし、同じ男の子が「あーあ、つまんなかった」と言ったので、友美はカッとなり、「自分がつまらなかったからって、わざわざ大きな声で言わないでよ！ せっかく楽しかったのに、こっちまで嫌な気分で最悪だよ」と怒鳴ってしまいました。

すると男の子は、「ごめん。本当は俺もおもしろいと思ったよ。でも、さっき『ださい』って言ったのに、感動したとか言えないじゃん」と恥ずかしそうに小さな声で言いました。友美が「すなおになったらいいのに」と大笑いすると、真里ちゃんも「マジうける、かっこつけんなよ」と笑いました。

次の日、友美は図書館に行って落語の本を探しました。落語の歴史について書かれた本と、落語家になりたい女の子が主人公のまんがを借りて、家で読んでいると、お母さんが、「おじいちゃんは、まだ元気なころ、テレビで落語を見るのが好きだったよ」と教えてくれました。おじいちゃんも同じ話で笑ったのかな、と思うと、友美はなんだか温かい気持ちになりました。

Synopsis

友美は遠足で落語を初めて見に行き、とても楽しみました。つまらなかったと言った同じクラスの男の子とけんかになりましたが、本当は男の子も楽しんだことを知り、すなおになればいいのにと笑いますお母さんから亡くなったおじいちゃんが落語が好きだったと聞き、同じ話で笑ったかもしれないことを思うと温かい気持ちになりました。

Yumi's field trip introduced her to Rakugo, and she really enjoyed the performance. She even argued with a classmate who claimed it was dull, but when she found out the boy had actually secretly liked it, she laughed, saying he could be more honest. Later, her mom told her that Yumi's late grandfather had been a fan of Rakugo. The thought of sharing a laugh with him across time, over the same funny stories, gave Yumi a comforting, warm feeling.

English Translation with Furigana

友美のクラスは、今日（きょう）は遠足（えんそく）の日（ひ）です。歴史（れきし）の授業（じゅぎょう）の先生（せんせい）の提案（ていあん）で、落語（らくご）を見（み）に行（い）きます。落語（らくご）は、日本（にほん）に昔（むかし）からあるお笑（わら）いです。1人（ひとり）の人（ひと）が舞台（ぶたい）に座（すわ）って、声（こえ）や表情（ひょうじょう）だけで物語（ものがたり）を話（はな）します。道具（どうぐ）はほとんど使（つか）わず、扇子（せんす）や手（て）ぬぐいだけで場面（ばめん）を表（あらわ）します。落語には、笑（わら）える話（はなし）や感動（かんどう）する話（はなし）など、いろいろな種類（しゅるい）があります。

Today is the day of the school excursion for Yumi's class. At the suggestion of their history teacher, they are going to watch rakugo. Rakugo is a type of comedy that has existed in Japan since long ago. One person sits on the stage and tells a story using only their voice and facial expressions. They use almost no props and express scenes only with a folding fan and a tenugui cloth. There are many kinds of rakugo, such as funny stories and moving stories.

クラスの男（おとこ）の子（こ）が、遠足へ向（む）かう途中（とちゅう）で「落語なんてださいよな」と言（い）いました。友美はむっとして、顔（かお）をしかめました。まだ見ていないのに、どうしてそんなこと言うの？　そんなこと言われたら、こっちもテンション下（さ）がると思いましたが、今（いま）はもめたくないので、何（なに）も言いませんでした。

On the way to the field trip, one of the boys in Yumi's class said, "Rakugo is so lame." Yumi frowned in irritation. "He hasn't even seen it yet—why would he say something like that? Hearing that makes me discouraged," she thought, but since she didn't want to start an argument, she decided to stay quiet.

今日見る落語は「まんじゅう怖（こわ）い」という話（はなし）です。この話は有名（ゆうめい）な笑い話です。ある男（おとこ）がまんじゅうが怖いと言（い）うので、友達（ともだち）がそれをからかい、夜（よる）にこっそりまんじゅうを部屋（へや）に置（お）きます。すると、男は「まんじゅうだ、こんな怖いものは全部（ぜんぶ）食（た）べてしまおう*1」と言（い）いながら、おいしそうにまんじゅうを食べるのです。

The rakugo they will watch today is a story called "Manju is Scary". This story is a famous comic tale. A man says he is afraid of manju (sweet buns), so his friends make fun of him and secretly place manju in his room at night. Then the man says, "It's manju. Since this thing is so scary, I should eat all of it," and eats the manju deliciously.

友美は初（はじ）めて落語を見ます。友美は落語家（らくごか）の表情（ひょうじょう）の豊（ゆた）かさや声のバリエーションの多（おお）さに驚（おどろ）きました。また、まんじゅうを怖がる男の動（うご）きがおもしろくて、大（おお）きな声で笑いました。

It is Yumi's first time watching rakugo. She is surprised by how rich the performer's facial expressions are and how many variations of voice he uses. Also, the movements of the man who pretends to fear manju are funny, and she laughs out loud.

学校（がっこう）に戻（もど）る途中（とちゅう）、友美はクラスメイトの真里（まり）ちゃんに「おもしろかったね。落語ってもっと難（むずか）しくてつまらないものだと思（おも）ってた」と言うと、真里ちゃんも「本当（ほんとう）におもしろかったね！ また見に行きたいな。昔の人も同（おな）じ話で笑っていたんだと思うと、不思議（ふしぎ）な気持（きも）ちだね」と言いました。

On the way back to school, Yumi says to her classmate Mari, "That was funny. I thought rakugo was more difficult and boring."
Mari also says, "It was really funny! I want to go see it again. When I think that people long ago laughed at the same story, it feels kind of surreal."

友美は、「ねえ、真里ちゃんなら何（なに）が怖いって言う？ 」と聞（き）いてみました。真里ちゃんは、「うーん、メロンパンかな」と答（こた）えたので、友美は「やっぱり！ 」と言って笑いました。真里ちゃんが「友美ちゃんはから揚（あ）げでしょう？ 」と言うので、友美は「うける、私（わたし）たち、お互（たが）いのこと何（なん）でも知（し）ってるね」と言ってもっと笑いました。

Yumi asks, "Hey, what would you say you're afraid of, Mari?"
Mari answers, "Hmm, maybe melon bread," so Yumi laughs and says, "I knew it!"
When Mari says, "You're scared of fried chicken, right, Yumi?"
Yumi says, "So hilarious, we really know everything about each other," and laughs even more.

しかし、さっきと同（おな）じ男の子が「あーあ、つまんなかった」と言ったので、友美はカッとなり、「自分（じぶん）がつまらなかったからって、わざわざ大（おお）きな声（こえ）で言わないでよ！ せっかく楽しかったのに、こっちまで嫌（いや）な気分（きぶん）で最悪（さいあく）だよ」と怒鳴（どな）ってしまいました。

However, the same boy from earlier said, "That was so boring," and Yumi suddenly lost her temper.
"Just because you didn't enjoy it, you don't have to say it out loud! I was having fun, and now you've totally ruined the mood!" she shouted angrily.

すると男の子は、「ごめん。本当は俺（おれ）もおもしろいと思ったよ。でも、さっき『ださい』って言ったのに、感動（かんどう）したとか言えないじゃん」と恥（は）ずかしそうに小（ちい）さな声で言いました。友美が「すなおになったらいいのに」と大笑（おおわら）いすると、真里ちゃんも「マジうける、かっこつけんなよ」と笑いました。

Then the boy looked embarrassed and said in a small voice, "Sorry… Actually, I thought it was interesting too. But since I called it lame earlier, I couldn't exactly say I was moved or anything."
Yumi burst out laughing. "You should just be honest!" she said, and Mari laughed too, saying, "That's hilarious—stop trying to act cool!"

次（つぎ）の日、友美は図書館（としょかん）に行って落語の本（ほん）を探（さが）しました。落語の歴史について書（か）かれた本と、落語家になりたい女（おんな）の子（こ）が主人公（しゅじんこう）のまんがを借（か）りて、家（いえ）で読（よ）んでいると、お母（かあ）さんが、「おじいちゃんは、まだ元気（げんき）なころ、テレビで落語を見るのが好（す）きだったよ」と教（おし）えてくれました。おじいちゃんも同じ話で笑ったのかな、と思うと、友美はなんだか温（あたた）かい気持ちになりました。

The next day, Yumi goes to the library and looks for books about rakugo. She borrows a book about the history of rakugo and a manga whose main character is a girl who wants to become a rakugo performer. While she is reading them at home, her mother tells her, "When your grandfather was still healthy, he liked watching rakugo on TV." When she thinks that maybe her grandfather also laughed at the same story, Yumi feels warm inside.

1 **してしまおう**   expression to show one's intentions to finish something, meaning let's just.

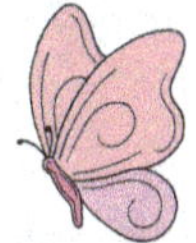

Vocabulary

遠足　えんそく　excursion / field trip
落語　らくご　rakugo, traditional Japanese verbal comedy
昔　むかし　a long time ago
お笑い　おわらい　comedy
舞台　ぶたい　stage
声　こえ　voice
表情　ひょうじょう　facial expression
道具　どうぐ　tool /means
扇子　せんす　folding fan
手ぬぐい　てぬぐい tenugui cloth / hand towel
感動　かんどう　moving
ださい(slang)　lame
顔をしかめる　to frown
もめる　to have an argument
テンション　mood
まんじゅう　manju, sweet buns usually filled with red beans paste
有名　ゆうめい　famous
からかう　to make fun of
落語家　らくごか　a rakugo performer
豊か　ゆたか　rich
つまらない　boring
不思議　ふしぎ　strange, surreal
やっぱり　as I thought / I knew it
うける(slang)　funny, hilarious
お互い　おたがい　each other
知っている　しっている　to know
カッとなる　to lose one's temper
気分　きぶん　feeling, mood
すなお　honest
かっこつける　to try to be cool, to try to show off
図書館　としょかん　library
主人公　しゅじんこう　main character
温かい　あたたかい　warm

Quiz

1. What does a rakugo performer use to express scenes?

2. What does Mari find surreal after watching rakugo?

3. In "Manju is Scary," why did the man say he was scared of manju?

Writing prompt

1 あなたは、どんなときに温かい気持ちになりますか。

2 あなたなら、どこに遠足に行きたいですか。どうしてですか。（2文）

Chapter 09

温泉旅行/ A TRIP TO A HOT SPRING

週末、友美はお父さんとお母さん、おばあちゃんと一緒に温泉旅行に行くことになりました。お父さんが「たまにはみんなでリラックスしよう」と言ったことがきっかけです。おばあちゃんは最初「私はいいよ」と言いましたが、友美が「温泉は健康にもいいし、おばあちゃんも行こうよ！ 一緒にお風呂でお話したい！ 」と言ったので、おばあちゃんは考え直して、参加することにしました。家族みんなで、温泉のある旅館に一泊します。朝9時、友美たちは車で出発しました。お父さんが運転席、お母さんが助手席に座り、友美とおばあちゃんはうしろの席に座っています。途中でコンビニに寄り、お父さんのコーヒーとお母さんの紅茶、友美のジュースとおばあちゃんの緑茶を買いました。

「友美ちゃん、何かおかしを買ってあげるよ」とおばあちゃんが言いましたが、友美は「おばあちゃん、たまには私がおばあちゃんにおかしを買ってあげるよ。500円までなら、なんでもおごってあげる」と言いました。おばあちゃんはうれしそうに笑って、「あら、友美ちゃんはお金持ちね。じゃあ、チョコレートを1個買ってちょうだい」と、友美に小さなチョコレートを渡しました。友美は、「まあね」と得意げに笑ってレジで会計をしました。

家を出てから2時間後、旅館に着くと、従業員が「いらっしゃいませ」と深くおじぎをし、部屋に案内してくれました。畳の部屋で、窓からは山と小さな川が見えます。

「さっそく温泉に入ろうか」とお父さんが言ったので、お父さんは男湯、友美とお母さん、おばあちゃんは女湯に行きました。

女湯に入ると、湯気の向こうで笑い声や水しぶきの音が聞こえます。小さな子たちが、まるでプールのように温泉で遊んでいました。お湯をかけあったり、お湯の中で走ったりしています。

友美は顔をしかめました。せっかくリラックスしに来たのに、子どもたちの声で落ち着けません。お母さんは「気にしないで。小さい子ってみんなあんな感じよ」と言いましたが、友美はどうしてもイライラしてしまいます。

「でも、温泉で静かに過ごすのなんて常識じゃん。うるさすぎるよ」と言いましたが、お母さんはあまり気にしていないようです。

友美が怒って注意しに行こうとすると、おばあちゃんが立ち上がり、子どもたちに向かって優しく声をかけました。「ねえ、みんな。温泉は遊ぶところじゃなくて、ゆっくり体を温めるところなの。ほかの人がいるところでは、ほかの人の気持ちも考えないとだめよ。」

子どもたちが驚いた様子でお湯から出ていくと、さっきまで体を洗っていた女の人が友美たちのほうに来て、「うちの子がご迷惑をおかけしてすみません」と謝ってくれました。

静かになった温泉で、友美たちはのんびり過ごしました。温泉の湯気がゆらゆら揺れるのを見ながら、「あんなふうに優しく注意できて、おばあちゃんはすごいなぁ。何かイライラすることがあっても、優しく、落ち着いて行動できるようになりたい」と友美は思いました。

Synopsis

みんなでリラックスしようというお父さんの提案で、友美はおばあちゃんを含めた家族4人で、温泉旅行に行きました。しかし、女湯でプールのようにはしゃいでいる小さな子たちを見てイライラします。おばあちゃんが優しく注意したことで解決し、静かな温泉でのんびり過ごしながら、友美はおばあちゃんのように優しく落ち着いて行動できるようになりたいと思いました。

Yumi's father suggested everyone needed to relax, so Yumi, her parents, and her grandmother took a trip to a hot spring. However, while in the women's bath, Yumi got annoyed watching some younger children splashing around like it was a pool. Luckily, her grandmother gently stepped in and spoke to them, which resolved the situation. As Yumi relaxed in the now-quiet hot spring, she thought about how much she wanted to be able to act with the same gentleness and calm composure as her grandmother.

English Translation with Furigana

週末（しゅうまつ）、友美はお父（とう）さんとお母（かあ）さん、おばあちゃんと一緒（いっしょ）に温泉（おんせん）旅行（りょこう）に行（い）くことになりました。お父さんが「たまにはみんなでリラックスしよう」と言（い）ったことがきっかけです。おばあちゃんは最初（さいしょ）「私（わたし）はいいよ」と言（い）いましたが、友美が「温泉は健康（けんこう）にもいいし、おばあちゃんも行こうよ！一緒にお風呂（ふろ）でお話（はな）したい！」と言ったので、おばあちゃんは考（かんが）え直（なお）して、参加（さんか）することにしました。家族（かぞく）みんなで、温泉のある旅館（りょかん）に一泊（いっぱく）します。

On the weekend, Yumi was going to go on a hot spring trip together with her father, mother, and grandmother. It started because her father said, "Once in a while, let's all relax together."

At first her grandmother said, "I'm fine, I don't need to go," but when Yumi said, "Hot springs are good for your health too, so you should come, Grandma! I want to talk with you in the bath together!" Her grandmother reconsidered and decided to join. The whole family would stay one night at an inn with a hot spring.

朝（あさ）9時（くじ）、友美たちは車（くるま）で出発（しゅっぱつ）しました。お父さんが運転席（うんてんせき）、お母さんが助手席（じょしゅせき）に座（すわ）り、友美とおばあちゃんはうしろの席（せき）に座っています。途中（とちゅう）でコンビニに寄（よ）り、お父さんのコーヒーとお母さんの紅茶（こうちゃ）、友美のジュースとおばあちゃんの緑茶（りょくちゃ）を買（か）いました。

At 9 a.m., Yumi and the others left by car. The father sat in the driver's seat, the mother sat in the passenger seat, and Yumi and the grandmother were sitting in the back seat. On the way, they stopped by a convenience store and bought the father's coffee, the mother's tea, Yumi's juice, and the grandmother's green tea.

「友美ちゃん、何（なに）かおかしを買ってあげるよ」とおばあちゃんが言いましたが、友美は「おばあちゃん、たまには私がおばあちゃんにおかしを買ってあげるよ。500円（ごひゃくえん）までなら、なんでもおごってあげる」と言いました。おばあちゃんはうれしそうに笑（わら）って、「あら、友美ちゃんはお金持（かねも）ちね。じゃあ、チョコレートを1個（こ）買ってちょうだい」と、友美に小（ちい）さなチョコレートを渡（わた）しました。友美は、「まあね」と得意（とくい）げに笑（わら）ってレジで会計（かいけい）をしました。

Grandmother said, "Yumi, I'll buy you some snacks," but Yumi said, "Grandma, for once, I'll buy you some snacks. If it's within 500 yen, I'll treat you to anything."

The grandmother smiled happily and said, "Oh my, Yumi, you're rich. Well then, buy me one chocolate," and handed Yumi a small chocolate.

Yumi grinned proudly and said, "Well, yeah," as she paid at the register.

家（いえ）を出（で）てから2時間（にじかん）後（ご）、旅館に着（つ）くと、従業員（じゅうぎょういん）が「いらっしゃいませ」と深（ふか）くおじぎをし、部屋（へや）に案内（あんない）してくれました。畳（たたみ）の部屋で、窓（まど）からは山（やま）と小さな川（かわ）が見えます。

Two hours after leaving the house, when they arrived at the inn, an employee gave a deep bow saying "Welcome" and guided them to their room. It was a tatami room, and from the window they could see mountains and a small river.

「さっそく温泉に入（はい）ろうか」とお父さんが言ったので、お父さんは男湯（おとこゆ）、友美とお母さん、おばあちゃんは女湯（おんなゆ）に行きました。
Father said, "Shall we go into the hot spring right away?" so he went to the men's bath, and Yumi, her mother, and her grandmother went to the women's bath.

女湯に入ると、湯気（ゆげ）の向（む）こうで笑（わら）い声（ごえ）や水（みず）しぶきの音（おと）が聞（き）こえます。小（ちい）さな子（こ）たちが、まるでプールのように温泉で遊（あそ）んでいました。お湯をかけあったり、お湯の中（なか）で走（はし）ったりしています。
When Yumi entered the women's bath, she heard laughter and splashing through the steam. Little kids were playing in the hot spring as if it were a pool—splashing water at each other and running around in the water.

友美は顔（かお）をしかめました。せっかくリラックスしに来（き）たのに、子どもたちの声（こえ）で落（お）ち着（つ）けません。お母さんは「気（き）にしないで。小さい子ってみんなあんな感じよ」と言いましたが、友美はどうしてもイライラしてしまいます。「でも、温泉で静（しず）かに過（す）ごすのなんて常識（じょうしき）じゃん。うるさすぎる*1よ」と言いましたが、お母さんはあまり気にしていないようです。
Yumi frowned. She had come to relax, but the children's voices made it impossible to unwind. Her mother said, "Don't worry about it. That's just how little kids are," but Yumi couldn't help feeling irritated.
"Still, everyone knows you're supposed to be quiet in a hot spring. They're way too loud," she said, though her mother didn't seem too concerned.

友美が怒（おこ）って注意（ちゅうい）しに行（い）こうとすると、おばあちゃんが立（た）ち上（あ）がり、子どもたちに向かって優（やさ）しく声（こえ）をかけました。「ねえ、みんな。温泉は遊ぶところじゃなくて、ゆっくり体（からだ）を温（あたた）めるところなの。ほかの人（ひと）がいるところでは、ほかの人の気持（きも）ちも考（かんが）えないとだめよ。」
Just as Yumi was about to get up and scold the kids herself, her grandmother stood and gently spoke to them. "Hey there, everyone. A hot spring isn't a place to play—it's a place to warm your body and relax. When you're around other people, you have to think about their feelings too."

子どもたちが驚（おどろ）いた様子（ようす）でお湯から出（で）ていくと、さっきまで体を洗（あら）っていた女の人が友美たちのほうに来て、「うちの子がご迷惑（めいわく）をおかけしてすみません」と謝（あやま）ってくれました。
The children looked surprised and left the bath. A woman who had been washing nearby came over and said, "I'm so sorry my kids disturbed you."

静かになった温泉で、友美たちはのんびり過ごしました。温泉の湯気がゆらゆら揺（ゆ）れるのを見ながら、「あんなふうに優しく注意できて、おばあちゃんはすごいなぁ。何（なに）かイライラすることがあっても、優しく、落ち着いて行動（こうどう）できるようになりたい」と友美は思（おも）いました。
The bathhouse became quiet again, and Yumi and her family enjoyed a peaceful soak. Watching the steam drift and swirl, Yumi thought, "Grandma is amazing—she can correct people gently without getting angry. I want to be like that too, calm and kind even when I'm irritated."

 **すぎる too ～(adjective)**

Vocabulary

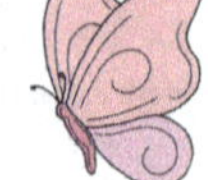

週末　しゅうまつ　weekend

温泉　おんせん　hot spring

旅行　りょこう　trip

お風呂　おふろ　bath

考え直す　かんがえなおす　to reconsider

旅館　りょかん　an inn

運転席　うんてんせき driver's seat

助手席　じょしゅせき　passenger seat

おごる　to buy someone something

お金持ち　おかねもち　a rich person

渡す　わたす　to give, pass

得意げ　とくいげ　to look proud of oneself

会計をする　かいけいをする　to pay at the cash register

従業員　じゅうぎょういん　staff

おじぎする　to take a bow

畳　たたみ　tatami

男湯　おとこゆ　men's bath

女湯　おんなゆ　women's bath

湯気　ゆげ　steam

笑い声　わらいごえ　laughter

水しぶき　みずしぶき　splash

お湯　おゆ　hot water

気にする　きにする　to mind

常識　じょうしき　common sense

迷惑をかける　めいわくをかける　to disturb someone

Quiz

1 How many nights did they stay at the inn?

2 Who drove the car to the inn?

3 What did Yumi's grandmother get from the convenience store?

Practice

Learn how to count nights using the word 泊（はく）.

- 一泊（いっぱく）
- 二泊（にはく）
- 三泊（さんぱく）
- 四泊（よんはく）
- 五泊（ごはく）
- 六泊（ろっぱく）
- 七泊（ななはく）
- 八泊（はちはく、はっぱく）
- 九泊（きゅうはく）
- 十泊（じゅっぱく）

Role-play

a. 「〇〇円までなら、なんでもおごってあげる」

b. 「じゃあ、△△を☆個買ってちょうだい」

Useful vocabulary for the role-play

- 百（ひゃく） a hundred
- 千（せん） a thousand
- 一万（いちまん） ten thousand

Writing prompt

① おばあちゃんが最初「私はいいよ」と言ったのはなぜだと思いますか。

② あなたがおばあちゃんなら、子どもたちにどのように注意しますか。

友美の誕生日/ YUMI'S BIRTHDAY

今日は友美の16歳の誕生日です。朝起きると、お母さんがキッチンでケーキを作っていて、お父さんはリビングを掃除していました。お昼にはおばあちゃんも家に来て、家族みんなでお祝いをします。

11時半ごろ、玄関のチャイムが鳴りました。「いらっしゃい！」とお母さんがドアを開けると、おばあちゃんがきれいな紙袋を持って立っていました。友美は「おばあちゃん、来てくれてありがとう！」とうれしそうです。リビングのテーブルには、お母さんの作った食事やショートケーキ、お父さんが買ってきたお寿司があります。食事のあと、プレゼントの時間になりました。

最初におばあちゃんが大きな箱を渡しました。紫色の上品な箱です。友美がゆっくり開けると、中には水色の着物と金色の帯が入っていました。「昔おばあちゃんが着ていた着物なの。友美ちゃんはもう16歳だから、大人っぽい着物が似合うかなと思って」とおばあちゃんが言うと、友美は「すごくきれい！大事にするね」と感謝しました。「今度、一緒に着物を着て浅草に行こうか。おしゃれして、たくさんおいしいものを食べよう。」とおばあちゃんが言ったので、「行きたい！絶対行こう！」と友美はうれしそうに約束しました。

次に両親からのプレゼントです。お父さんが「お誕生日おめでとう。お父さんとお母さんからだよ」と言って小さな箱を渡すと、友美は「開けてもいい？」と聞いて、ワクワクしながら開けました。中にはニンテンドースイッチの『スーパーマリオギャラクシー』のソフトが入っています。

「やった！ずっとほしかったんだよ、ありがとう！おこづかいがなかなか貯まらなくて、一生買えないかもしれないと思っていたの」と友美は大きな声で喜びました。お母さんは「やりすぎには注意してね。宿題と予習もがんばりなさい。成績が落ちないように気をつけて。」と言いました。その言葉を聞いた友美は、むっとして顔をしかめました。「せっかくの誕生日に、なんで注意されなきゃいけないの？」と心の中で怒りがふつふつと湧き上がります。

「どういう意味？なんでわざわざ今日そんなこと言うの！誕生日なのに、せっかく喜んでるのに！」と友美はお母さんに怒ってしまいました。おばあちゃんは少し驚いた様子で「友美ちゃん、落ち着いて」と優しく声をかけますが、友美は怒りがおさまらず、自分の部屋にこもってしまいました。

その夜、お父さんが友美の部屋に来て、「友美、お母さんは友美が毎日がんばっているのをちゃんとわかってるよ。いじわるで成績のことを言ったんじゃなくて、おばあちゃんの前でちょっと親らしいことを言ってみたかっただけだよ」と言いました。

「たしかに、私がゲームしているときにお母さんが文句を言ったことはない。そっか、おばあちゃんの前だからお母さんらしいところを見せたかったんだね。」そう気づくと、友美はお母さんがなんだかかわいく思えました。

友美は両親の寝室に行き、「お母さん、さっきは怒ってごめんね。プレゼントありがとう」と謝りました。お母さんも「余計なこと言ってごめんね。友美はもうたくさんがんばっているよ」と言って友美をぎゅっと抱きしめました。

Synopsis

友美は誕生日に両親からゲームをもらいますが、お母さんに成績が落ちないように気をつけてと言われたことに怒り、自分の部屋にこもります。お父さんとの会話で、おばあちゃんの前だからお母さんらしいところを見せたかっただけだと気づいた友美は、お母さんに謝り、2人は仲直りしました。

For her birthday, Yumi received a new video game from her parents. But when her mom told her to be careful not to let her grades drop, Yumi got angry and stormed off to her room. A little while later, her dad talked to her, and Yumi realized that her mom only said that because she wanted to look like a "proper mother" in front of Grandma. Understanding this, Yumi went to apologize to her mom, and the two of them made up.

English Translation with Furigana

今日（きょう）は友美の16歳（じゅうろくさい）の誕生日（たんじょうび）です。朝（あさ）起（お）きると、お母（かあ）さんがキッチンでケーキを作（つく）っていて、お父（とう）さんはリビングを掃除（そうじ）していました。お昼（ひる）にはおばあちゃんも家（いえ）に来（き）て、家族（かぞく）みんなでお祝（いわ）いをします。

Today is Yumi's 16th birthday. When she woke up in the morning, her mother was making a cake in the kitchen, and her father was cleaning the living room. By noon, her grandmother would also come over, and the whole family would celebrate together.

11時半（じゅういちじはん）ごろ、玄関（げんかん）のチャイムが鳴（な）りました。「いらっしゃい！」とお母さんがドアを開（あ）けると、おばあちゃんがきれいな紙袋（かみぶくろ）を持（も）って立（た）っていました。友美は「おばあちゃん、来てくれてありがとう！」とうれしそうです。

Around 11:30, the doorbell rang. "Welcome!" said her mother as she opened the door, and there stood her grandmother holding a pretty paper bag.
Yumi happily said, "Grandma, thank you for coming!"

リビングのテーブルには、お母さんの作った食事（しょくじ）やショートケーキ、お父さんが買（か）ってきたお寿司（すし）があります。食事のあと、プレゼントの時間（じかん）になりました。

On the living room table, there were dishes and strawberry sponge cake made by her mother, and sushi her father had bought. After the meal, it was time for presents.

最初（さいしょ）に、おばあちゃんが大きな箱を渡しました。紫色（むらさきいろ）の上品（じょうひん）な箱です。友美がゆっくり開けると、中には水色（みずいろ）の着物（きもの）と金色（きんいろ）の帯（おび）が入っていました。「昔（むかし）おばあちゃんが着ていた着物なの。友美ちゃんはもう16歳だから、大人（おとな）っぽい着物が似合（にあ）うかなと思って」とおばあちゃんが言うと、友美は「すごくきれい！ 大事（だいじ）にするね」と感謝（かんしゃ）しました。「今度（こんど）、一緒（いっしょ）に着物を着て浅草（あさくさ）に行（い）こうか。おしゃれして、たくさんおいしいものを食（た）べよう。」とおばあちゃんが言ったので、「行きたい！ 絶対（ぜったい）行こう！」と友美はうれしそうに約束（やくそく）しました。

Firstly, her grandmother gave her a large, elegant purple box. Yumi slowly opened it and found a light blue kimono and a golden obi inside. "This is a kimono I used to wear. You're 16 now, so I thought a more grown-up kimono would suit you," her grandmother said.
Yumi replied, "It's so beautiful! I'll treasure it," with gratitude.
Her grandmother continued, "Next time, let's wear the kimono together and go to Asakusa. We can dress up and eat lots of delicious food."
Yumi joyfully promised, "I want to go! Let's definitely go!"

次（つぎ）に両親（りょうしん）からのプレゼントです。お父さんが「お誕生日おめでとう。お父さんとお母さんからだよ」と言（い）って小（ちい）さな箱（はこ）を渡（わた）すと、友美は「開けてもいい？」と聞（き）いて、ワクワクしながら開けました。中（なか）にはニンテンドースイッチの『スーパーマリオギャラクシー』のソフトが入（はい）っています。

Next, it's a gift from her parents. Her father said, "Happy birthday. This is from Mom and Dad," and handed her a small box.
Yumi asked excitedly, "Can I open it?" and opened it with anticipation. Inside was the Nintendo Switch game *Super Mario Galaxy.*

「やった！ ずっとほしかったんだよ、ありがとう！ おこづかいがなかなか貯（た）まらなくて、一生（いっしょう）買（か）えないかもしれないと思（おも）っていたの」と友美は大（おお）きな声（こえ）で喜（よろこ）びました。お母さんは「やりすぎには注意（ちゅうい）してね。宿題（しゅくだい）と予習（よしゅう）もがんばりなさい。成績（せいせき）が落（お）ちないように気をつけて。」と言いました。その言葉（ことば）を聞（き）いた友美は、むっとして顔をしかめました。「せっかくの誕生日に、なんで注意（ちゅうい）されなきゃいけないの？」と心（こころ）の中で怒（いか）りがふつふつと湧（わ）き上（あ）がります。
"Yay! I've wanted this for so long, thank you! I didn't have enough allowance saved up, so I thought I might never be able to buy it," Yumi said loudly with joy.
Her mother said, "Just don't overdo it, okay? Make sure you keep up with your homework and study ahead too. Be careful not to let your grades drop."
Hearing that, Yumi's face tightened with irritation. "Why do I have to be scolded on my birthday?" she thought angrily.

「どういう意味（いみ）？ なんでわざわざ今日そんなこと言うの！ 誕生日なのに、せっかく喜んでるのに！」と友美はお母さんに怒（おこ）ってしまいました。おばあちゃんは少（すこ）し驚（おどろ）いた様子（ようす）で「友美ちゃん、落（お）ち着（つ）いて」と優（やさ）しく声（こ）をかけますが、友美は怒（いか）りがおさまらず、自分（じぶん）の部屋（へや）にこもってしまいました。
"What do you mean by that? Why would you say something like that today of all days? It's my birthday, and I was just so happy!" Unable to hold it in, Yumi snapped at her mother.
Her grandmother looked a little surprised and gently said, "Yumi, calm down," but Yumi couldn't stop her frustration and stormed off to her room.

その夜（よる）、お父さんが友美の部屋に来（き）て、「友美、お母さんは友美が毎日（まいにち）がんばっているのをちゃんとわかってるよ。いじわるで成績のことを言ったんじゃなくて、おばあちゃんの前（まえ）でちょっと親（おや）らしいことを言ってみたかっただけだよ」と言いました。
That night, Yumi's father came into her room and said, "Yumi, your mom knows how hard you work every day. She didn't mention your grades to be mean—she just wanted to sound like a responsible parent in front of Grandma."

「たしかに、私がゲームしているときにお母さんが文句を言ったことはない。そっか、おばあちゃんの前だからお母さんらしいところを見せたかったんだね。」そう気づくと、友美はお母さんがなんだかかわいく思（おも）えました。
"It's true—mom has never complained when I play games. I see... she just wanted to look like a proper mother in front of Grandma." Realizing that, Yumi suddenly found her mother kind of endearing.

友美は両親の寝室（しんしつ）に行（い）き、「お母さん、さっきは怒ってごめんね。プレゼントありがとう」と謝（あやま）りました。お母さんも「余計（よけい）なこと言ってごめんね。友美はもうたくさんがんばっているよ」と言って友美をぎゅっと抱（だ）きしめました。
Yumi went to her parents' bedroom and said, "Mom, I'm sorry for getting mad earlier. Thank you for the present."
Her mother hugged her tightly and said, "I'm sorry for saying too much. You're already doing your best, Yumi."

Vocabulary

誕生日　たんじょうび　birthday

玄関　げんかん　entrance / hallway

紙袋　かみぶくろ　paper bag

食事　しょくじ　dish / meal

ショートケーキ　strawberry sponge cake

お寿司　おすし　sushi

紫色　むらさきいろ　purple

上品　じょうひん　elegant

水色　みずいろ　light blue

着物　きもの　kimono

金色　きんいろ　golden

帯　おび　obi

大人っぽい　おとなっぽい　adult-like / sophisticated

似合う　にあう　looks good one someone / match / suit

浅草　あさくさ　Asakusa, a famous tourist spot in Tokyo

絶対　ぜったい　definitely / absolutely

両親　りょうしん　both of the parents

一生　いっしょう　one's whole life

宿題　しゅくだい　homework

予習　よしゅう　preparation for a lesson

成績　せいせき　grades, score

怒り　いかり　anger

怒る　おこる　to be angry

部屋にこもる　へやにこもる　to shut oneself up in a room

いじわる　being mean

余計　よけい　extra, unnecessary

Quiz

1   **What did Yumi get from her grandmother?**

2   **Why did Yumi think she might never be able to buy Super Mario Galaxy?**

3   **What did Yumi promise her grandmother to do with her?**

4   **Why did Yumi get mad at her mother?**

Writing prompt

1. あなたは 誕生日に何がほしいですか。

2. あなたなら、浅草で何をしたいですか。

Chapter 11

友美の好きな人/ YUMI'S CRUSH

友美はクラスの優斗くんが好きです。入学式で見かけて好きになり、同じクラスだとわかったときは心のなかで大喜びしました。でも、優斗くんはバスケ部の美紀ちゃんと仲がよく、休み時間によく話しています。廊下で2人が笑いながら歩いているのを見ると、胸がちくりと痛みます。少し見ているだけでも、心がざわざわします。友美は優斗くんと美紀ちゃんが付き合っているのか気になって仕方がありません。

ある日、友美は思い切って、「ねえ、優斗くんって、彼女はいるの？」と優斗くんに聞いてみました。心臓がドキドキして、緊張で手のひらに汗をかいています。優斗くんは少し驚いた顔をして、「突然変なこと聞くなぁ、いないよ」と答えました。友美は少し安心して、「そうなんだ」と微笑みました。

でも、まだ聞きたいことがあります。「じゃあ、好きな人はいる？」と聞こうとしましたが、声が出ません。こんなに質問をしたら、自分が優斗くんのことを好きだとばれてしまう、と不安になり、どうしても質問できません。結局、勇気が足りなくて、好きな人がいるかどうかは聞けませんでした。

休み時間、友達の葵ちゃんと真里ちゃんに「さっき、優斗くんと話してたね。何話してたの？」と聞かれて、友美は、「彼女がいるかどうか聞いたの。好きな人がいるかどうかも聞きたかったんだけど、そこまでの勇気はなかった」と悲しそうに答えました。

葵ちゃんは「でもえらいじゃん！彼女がいないってことは、チャンスあるってことだよ！」と笑顔で友美の肩をぽんとたたきました。真里ちゃんも、「もうすぐバレンタインだから、チョコレート渡して、思い切って告白してみなよ」と言うので、友美は「じゃあ、がんばってみようかな」と言いました。葵ちゃんと真里ちゃんは「応援するよ！一緒にレシピ見て、何作るか考えよう」と励ましてくれました。

友美にとって、これが初めての告白です。振られたらどうしよう、と一瞬不安になりましたが、葵ちゃんと真里ちゃんが応援してくれるので、勇気が出てきました。「よし、じゃあ作戦会議しよう！」と友美はスマホで「チョコレート　レシピ」と検索しようとしましたが、「チョコレート　レスリング」と打ち間違えてしまい、変な画像が出てきたのでみんなで大笑いしました。

Synopsis

優斗くんに片思い中の友美は、勇気を出して優斗くんに彼女がいるか聞いてみました。好きな人がいるかどうかまでは聞けませんでしたが、葵ちゃんと真里ちゃんの後押しを受けて、バレンタインにチョコレートを渡して告白することを決意します。

Yumi has a crush on Yuto, and she finally gathered up her courage to ask him if he had a girlfriend. She couldn't quite bring herself to ask if he liked anyone, but with a little push from Aoi and Mari, she decided she would give him chocolate and confess on Valentine's Day.

English Translation with Furigana

友美はクラスの優斗（ゆうと）くんが好（す）きです。入学式（にゅうがくしき）で見（み）かけて好きになり、同（おな）じクラスだとわかったときは心（こころ）のなかで大喜（おおよろこ）びしました。でも、優斗くんはバスケ部（ぶ）の美紀（みき）ちゃんと仲（なか）がよく、休（やす）み時間（じかん）によく話（はな）しています。廊下（ろうか）で2人（ふたり）が笑（わり）いながら歩（ある）いているのを見ると、胸（むね）がちくりと痛（いた）みます。少（すこ）し見（みて）ているだけでも、心（こころ）がざわざわします。友美は優斗くんと美紀ちゃんが付（つ）き合（あ）っているのか気（き）になって仕方（しかた）がありません。

Yumi likes her classmate Yuto. She first noticed him at the entrance ceremony and fell for him, and when she found out they were in the same class, she was overjoyed inside. However, Yuto gets along well with Miki from the basketball club and often talks with her during breaks. When Yumi sees the two of them laughing and walking down the hallway, her chest aches a little. Even just watching them makes her heart restless. She can't help but wonder if Yuto and Miki are dating.

ある日（ひ）、友美は思（おも）い切（き）って、「ねえ、優斗くんって、彼女（かのじょ）はいるの？」と優斗くんに聞（き）いてみました。心臓（しんぞう）がドキドキして、緊張（きんちょう）で手（て）のひらに汗（あせ）をかいています。優斗くんは少し驚いた顔をして、「突然変なこと聞くなぁ、いないよ」と答えました。友美は少し安心（あんしん）して、「そうなんだ」と微笑（ほほえ）みました。

One day, Yumi musters up the courage and asks Yuto, "Hey, do you have a girlfriend?" Her heart is pounding, and her palms are sweaty from nervousness.
Yuto looks a little surprised and replies, "That's a bit of a strange question all of a sudden... no, I don't."
Yumi feels a bit relieved and smiles, "I see."

でも、まだ聞きたいことがあります。「じゃあ、好きな人（ひと）はいる？」と聞こうとしましたが、声（こえ）が出（で）ません。こんなに質問（しつもん）をしたら、自分（じぶん）が優斗くんのことを好きだとばれてしまう、と不安になり、どうしても質問できません。結局（けっきょく）、勇気（ゆうき）が足（た）りなくて、好きな人がいるかどうかは聞けませんでした。

But she still wants to ask more. She tries to say, "Then, do you like anyone?" but no words come out. She becomes worried that if she asks too many questions, Yuto will realize she likes him, and she just can't bring herself to ask. In the end, she doesn't have enough courage to find out if he likes someone.

休み時間、友達（ともだち）の葵（あおい）ちゃんと真里（まり）ちゃんに「さっき、優斗くんと話（はな）してたね。何（なに）話（はな）してたの？」と聞かれて、友美は、「彼女がいるかどうか聞いたの。好きな人がいるかどうかも聞きたかったんだけど、そこまでの勇気はなかった」と悲（かな）しそうに答（こた）えました。

During break, her friends Aoi and Mari ask, "You were talking with Yuto earlier, right? What did you talk about?"
Yumi answers sadly, "I asked if he had a girlfriend. I wanted to ask if he liked someone too, but I didn't have enough courage."

葵ちゃんは「でもえらいじゃん！ 彼女がいないってことは、チャンスあるってことだよ！」と笑顔（えがお）で友美の肩（かた）をぽんとたたきました。真里ちゃんも、「もうすぐバレンタインだから、チョコレート渡（わた）して、思い切って告白（こくはく）してみなよ」と言うので、友美は「じゃあ、がんばってみようかな」と言いました。葵ちゃんと真里ちゃんは「応援（おうえん）するよ！ 一緒（いっしょ）にレシピ見て、何（なに）作（つく）るか考（かんが）えよう」と励（はげ）ましてくれました。

Aoi pats Yumi on the shoulder with a smile and says, "But that's brave! If he doesn't have a girlfriend, that means you have a chance!"
Mari adds, "Valentine's Day is coming soon, so give him chocolate and confess your feelings!"
Yumi replies, "Okay, maybe I'll try."
Aoi and Mari cheer her on, saying, "We'll support you! Let's look at recipes together and decide what to make."

友美にとって、これが初（はじ）めての告白です。振（ふ）られたらどうしよう、と一瞬（いっしゅん）不安（ふあん）になりましたが、葵ちゃんと真里ちゃんが応援してくれるので、勇気が出てきました。「よし、じゃあ作戦（さくせん）会議（かいぎ）しよう！」と友美はスマホで「チョコレート　レシピ」と検索（けんさく）しようとしましたが、「チョコレート　レスリング」と打（う）ち間違（まちが）えてしまい、変（へん）な画像（がぞう）が出てきたのでみんなで大笑（おおわら）いしました。

This will be Yumi's very first time confessing her feelings to someone. For a moment, she feels nervous thinking what if he rejects her, but with Aoi and Mari cheering her on, she begin to feel braver.

"Alright, let's have a strategy meeting!" Yumi declares, pulling out her phone to search for "chocolate recipe." But she accidentally types "chocolate wrestling" instead, and when strange images appears on the screen, all three of them burst into laughter.

Vocabulary

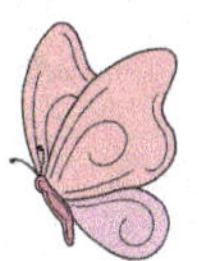

入学式　にゅうがくしき　entrance ceremony

廊下　ろうか　hallway

ちくりと痛む　ちくりといたむ to feel a sharp pain

ざわざわする　to be bothered, to feel uneasy

付き合う　つきあう　to date

思い切る　おもいきる　to take the plunge

彼女　かのじょ　girlfriend

心臓　しんぞう　heart

手のひら　てのひら　palm

好きな人　すきなひと　love interest, crush

ばれる　to be exposed

結局　けっきょく　after all

ぽんと叩く　ぽんとたたく　to pat, to tap

告白する　こくはくする　to confess

応援　おうえん　support

励ます　はげます　to encourage

振られる　ふられる　to be rejected

一瞬　いっしゅん　for a moment

作戦　さくせん　strategy

会議　かいぎ　meeting

検索する　けんさくする　to search (on the Internet)

打ち間違える　うちまちがえる　to make a typo

Quiz

1   Why does Yumi feel a pain in her chest when she sees Yuto and Miki talking?

2   Yumi wanted to ask, "Do you like anyone?" but she couldn't. Why?

3   What advice did Aoi and Mari give to Yumi?

Writing prompt

日本では、バレンタインデーは女性が好きな男性にチョコレートを渡す日です。あなたの国では、バレンタインデーに何をしますか。

Chapter 12

バレンタインのチョコレート/
CHOCOLATE FOR VALENTINE'S DAY

明日はバレンタイン。友美は、優斗くんに渡すチョコレートを作るために、スーパーで買い物をしています。友美はあまりお菓子作りの経験がないので、TikTokで「初心者におすすめ」と紹介されていたトリュフチョコレートを作ることにしました。材料のチョコレートと生クリーム、ココアパウダーを買って、さっそくキッチンに立ちます。

チョコレートを細かくきざみ、生クリームと一緒に溶かし、冷蔵庫で冷やしました。チョコレートを受け取った優斗くんの顔を想像するとワクワクしますが、告白することを考えると緊張してドキドキします。

「『好きです』だけでいいかな。『付き合ってください』も言ったほうがいいかな？ でも、チョコレート渡すだけでわかってくれるかな」と告白するときのことを考えながら、チョコレートが固まるのを待ちました。

しかし、レシピに書いてあったとおり30分冷やしても、チョコレートは液体のままです。さらに1時間待ってみましたが、チョコレートは固まっていません。

「一番簡単そうなレシピを選んだのに…」と、友美は悲しくなりました。分量も手順もレシピのとおりに作ったのに、なぜ失敗したのかわかりません。「バレンタインデーなのに、チョコレートなしで告白なんてできないよ。私って不器用だなぁ。」友美は気力を失い、ソファーに座り込みました。インスタグラムを見ていると、かわいい手作りチョコの写真がたくさん流れてきて、余計悲しくなりました。

「あれ、チョコレートは? もういいの? 」と、リビングにいる友美に気づいたお母さんが尋ねました。「チョコレートが固まらないの。レシピのとおりなのに、うまくできなくて、なんか疲れちゃった」と友美は苦笑いしながら肩をすくめました。

「そっか。もしかしたら、チョコレートを溶かすときにお湯が入っちゃったのかもよ。お湯でボウルを温めながら溶かしたんだよね? 混ぜてるとき、うっかりお湯が入っちゃうこと、お母さんもたまにあるの」とお母さんは冷蔵庫のなかを見ながら言いました。

友美はお母さんと一緒にお茶を飲み、一息ついてから、再チャレンジのためキッチンに立ちました。お母さんに言われたとおり、お湯がボウルに入らないよう慎重に混ぜます。チョコレートが少しずつなめらかに溶けていくのを見ながら、友美は「さっきは張り切りすぎてガチャガチャ混ぜちゃったかもしれない」と思いました。

チョコレートを冷蔵庫に入れると、友美はそわそわしながら時計の針を見つめていました。30分後、いよいよドキドキしながらボウルを取り出します。今度はきちんと固まっていたので、友美はほっとしました。

なんとかトリュフチョコレートを完成させ、丁寧にラッピングをして、リボンを結ぶと、お店のチョコレートみたいに見えました。「明日、渡せるかな…」自分で作ったチョコを渡せることを思うと、緊張しつつも期待に胸がふくらみました。

Synopsis

バレンタイン前日、友美は優斗くんのためにトリュフチョコレートを作っています。レシピのとおりに作ったのに失敗したことで落ち込みますが、お母さんのアドバイスを受けて作り直し、丁寧にラッピングもしてなんとか完成させます。

The day before Valentine's, Yumi was busy making truffle chocolates for Yuto. She followed the recipe exactly, but when they still turned out badly, she got really discouraged. Luckily, her mom gave her some advice, and Yumi tried again. She finally managed to finish them, and wrapped them up nicely.

English Translation with Furigana

明日（あした）はバレンタイン。友美は、優斗（ゆうと）くんに渡（わた）すチョコレートを作（つく）るために、スーパーで買（か）い物（もの）をしています。友美はあまりお菓子作（かしづく）りの経験（けいけん）がないので、TikTokで「初心者（しょしんしゃ）におすすめ」と紹介（しょうかい）されていたトリュフチョコレートを作ることにしました。材料（ざいりょう）のチョコレートと生（なま）クリーム、ココアパウダーを買って、さっそくキッチンに立（た）ちます。

Tomorrow is Valentine's Day. Yumi was at the supermarket, buying ingredients to make chocolates for Yuto. Since she doesn't have much experience with baking, she decided to make truffle chocolates, which were recommended on TikTok as "recommended for beginners." She bought chocolate, heavy cream, and cocoa powder, and immediately got to work in the kitchen.

チョコレートを細（こま）かくきざみ、生クリームと一緒（いっしょ）に溶（と）かし、冷蔵庫（れいぞうこ）で冷（ひ）やしました。チョコレートを受（う）け取（と）った優斗くんの顔（かお）を想像（そうぞう）するとワクワクしますが、告白（こくはく）することを考（かんが）えると緊張（きんちょう）してドキドキします。

She finely chopped the chocolate, melted it together with the cream, and put it in the fridge to chill. Imagining Yuto's reaction when he receives the chocolates made her excited, but thinking about confessing her feelings made her nervous and her heart race.

「『好（す）きです』だけでいいかな。『付（つ）き合（あ）ってください』も言（い）ったほうがいいかな？ でも、チョコレート渡すだけでわかってくれるかな」と告白するときのことを考（かんが）えながら、チョコレートが固（かた）まるのを待（ま）ちました。

"Should I just say 'I like you'? Or should I also say 'Please go out with me'? Will he understand just from the chocolate?" Yumi thought as she waited for the chocolate to set.

しかし、レシピに書（か）いてあったとおり30分（さんじゅっぷん）冷やしても、チョコレートは液体（えきたい）のままです。さらに1時間（いちじかん）待（ま）ってみましたが、チョコレートは固まっていません。

However, even after chilling it for the 30 minutes specified in the recipe, the chocolate remained liquid. She waited another hour, but it still didn't set.

「一番（いちばん）簡単（かんたん）そうなレシピを選（えら）んだのに…」と、友美は悲（かな）しくなりました。分量（ぶんりょう）も手順（てじゅん）もレシピのとおりに作ったのに、なぜ失敗（しっぱい）したのかわかりません。「バレンタインデーなのに、チョコレートなしで告白なんてできないよ。私（わたし）って不器用（ぶきよう）だなぁ。」友美は気力（きりょく）を失（うしな）い、ソファーに座（すわ）り込（こ）みました。インスタグラムを見（み）ていると、かわいい手作（てづく）りチョコの写真（しゃしん）がたくさん流（なが）れてきて、余計（よけい）悲（かな）しくなりました。

"I chose the simplest recipe… Why did it fail?" Yumi felt disappointed. She had followed the recipe perfectly, but it still didn't work. "I can't confess without the chocolate on Valentine's Day… I'm so clumsy." Feeling defeated, she sank onto the sofa. Browsing Instagram, she saw lots of cute handmade chocolates, which made her even sadder.

「あれ、チョコレートは? もういいの? 」と、リビングにいる友美に気づいたお母さんが尋（た
ず）ねました。「チョコレートが固まらないの。レシピのとおりなのに、うまくできなくて、な
んか疲（つか）れちゃった」と友美は苦笑（にがわら）いしながら肩（かた）をすくめました。
"Hey, what happened to the chocolate? Are you done?" her mother asked, noticing Yumi
in the living room.
"The chocolate won't set. I followed the recipe, but it didn't work… I'm kind of tired of
trying," Yumi said with a wry smile, shrugging her shoulders.

「そっか。もしかしたら、チョコレートを溶かすときにお湯（ゆ）が入（はい）っちゃったのか
もよ。お湯でボウルを温（あたた）めながら溶かしたんだよね? 混（ま）ぜてるとき、うっかり
お湯が入っちゃうこと、お母さんもたまにあるの」とお母さんは冷蔵庫のなかを見ながら言いま
した。
"I see. Maybe some water got into the bowl while you were melting it. You heated the
bowl with hot water, right? Sometimes that happens even to me," her mother said while
looking in the fridge.

友美はお母さんと一緒にお茶（ちゃ）を飲（の）み、一息（ひといき）ついてから、再（さい）
チャレンジのためキッチンに立ちました。お母さんに言われたとおり、お湯がボウルに入らない
よう慎重（しんちょう）に混ぜます。チョコレートが少（すこ）しずつなめらかに溶けていくの
を見ながら、友美は「さっきは張（は）り切（き）りすぎてガチャガチャ混ぜちゃったかもしれ
ない」と思いました。
After taking a short break and drinking tea with her mother, Yumi returned to the kitchen
to try again. She carefully stirred the chocolate, making sure no water got in the bowl.
Watching it slowly melt smoothly, she thought, "I guess I stirred too vigorously before."

チョコレートを冷蔵庫に入れると、友美はそわそわしながら時計（とけい）の針（はり）を見つ
めていました。30分後（ご）、いよいよドキドキしながらボウルを取（と）り出（だ）します。
今度（こんど）はきちんと固まっていたので、友美はほっとしました。
Once she put the chocolate in the fridge, Yumi anxiously watched the clock. Thirty
minutes later, she nervously took the bowl out. This time, the chocolate had set perfectly,
and she breathed a sigh of relief.

なんとかトリュフチョコレートを完成（かんせい）させ、丁寧（ていねい）にラッピングをし
て、リボンを結（むす）ぶと、お店（みせ）のチョコレートみたいに見えました。「明日、渡せ
るかな…」自分で作ったチョコを渡せることを思うと、緊張（きんちょう）しつつも期待（きた
い）に胸（むね）がふくらみました。
Finally finishing the truffle chocolates, Yumi wrapped them carefully and tied a ribbon,
making them look like something from a store. "Will I be able to give these tomorrow…?"
The thought of presenting the chocolates she had made filled her with both nervousness
and excitement.

Vocabulary

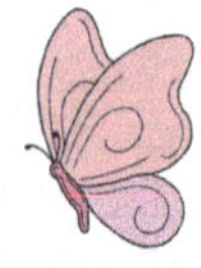

初心者　しょしんしゃ　beginner

お菓子作り　おかしづくり　baking

生クリーム　なまクリーム　fresh cream, heavy cream

きざむ　to mince, to carve, to chop up

溶かす　とかす to melt

冷やす　ひやす　to cool, to refrigerate

液体　えきたい　liquid

固まる　かたまる　to harden, to solidify, to set

分量　ぶんりょう　quantity

手順　てじゅん　procedure

不器用　ぶきよう　clumsy

気力　きりょく　energy

手作り　てづくり　handmade

混ぜる　まぜる　to stir

うっかり　inadvertently

一息つく　ひといきつく　to take a break

再〜　さい〜　re-〜, again

慎重に　しんちょうに　cautiously

ほっとする　to feel relieved

丁寧に　ていねいに　carefully

結ぶ　むすぶ　to tie

期待に胸がふくらむ　きたいにむねがふくらむ　to be full of hope

Quiz

1   Why did Yumi choose to make truffle chocolates?

2   What did Yumi's mother think was the reason Yumi's first attempt went wrong?

3   Why was Yumi anxious during the second attempt?

Writing prompt

1. あなたなら、好きな人のために何を作りたいですか。どうしてですか。

2. 「丁寧に」を使って文を作りましょう。（1文）

Chapter 13

バレンタインデー/
VALENTINE'S DAY

バレンタイン当日、友美は朝から胸がドキドキしていました。カバンには昨日作ったトリュフチョコレートが入っています。家を出るとき、お母さんが「がんばってね」と言ってくれました。登校すると、教室はいつも通りの雰囲気ですが、心の中では「今日、渡せるかな」と考えて、手が少し震えます。

教室に入ってきた優斗くんに「おはよう。今日の放課後、すぐに部活に行かないで、少し教室で待ってて」と伝えました。優斗くんは「うん」とだけ言って、自分の席に行ってしまいました。

お昼休み、お弁当を食べる準備のためにカバンを机に置くと、突然、教室が大きく揺れました。地震です。「きゃあ！」とみんな驚き、校庭に避難します。震度5と大きな地震でしたが、幸い大きな被害はなく、みんな無事だったので、すぐに教室に戻りました。

しかし、教室に戻ると、友美のカバンが床に落ちています。避難するときに誰かにカバンを踏まれてしまい、カバンのなかに入っていたトリュフチョコレートの箱は、ぐちゃぐちゃになっていました。友美の胸はぎゅっと痛みました。「せっかく作ったのに、どうしよう。今日渡さないといけないのに…」と、つい涙が出てしまいました。葵ちゃんと真里ちゃんは「チョコはなくても、気持ちはちゃんと伝わるよ」と励ましてくれましたが、悲しくて仕方ありません。

放課後、結局、友美は優斗くんに「やっぱりなんでもない」と言いました。優斗くんは少し驚いた顔をしましたが、「そっか」と言っただけでした。とても悲しくて、友美はテニス部の練習を休みました。家に帰ってお父さんとお母さんにチョコレートが台無しになってしまったこと、告白できなかったことを伝え、たくさん泣きました。

お母さんは友美の背中を優しくなでながら、「せっかくがんばって作ったのに、つらいね。でも、次があるから大丈夫。バレンタインデーに告白できなかったのは残念だけど、気持ちを伝えるチャンスは今日だけじゃないでしょ。落ち着いたらまたチャレンジしてみよう」と言いました。友美は鼻をすすり、「うん。ほかのレシピも練習して、もっとすごいの渡そうかな」と涙をふいて言いました。「お父さんだったら、友美が作ってくれたんだから床に落ちてるものだって食べるよ」とお父さんが冗談っぽく言うと、お母さんは「今じゃない」とちょっと冷たく言ってから、また優しく友美の背中をなでました。

Synopsis

バレンタイン当日、友美は放課後優斗くんに告白するつもりでしたが、お昼休みの地震のせいでチョコレートが台無しになってしまいます。ショックを受けた友美は告白できず、家に帰ってからお父さんとお母さんの前で大泣きしました。

On Valentine's Day, Yumi planned to confess to Yuto after school, but then an earthquake hit during lunchtime and completely ruined her chocolate. Shocked and heartbroken, Yumi couldn't go through with the confession. Instead, she went home and ended up crying her eyes out in front of her father and mother.

English Translation with Furigana

バレンタイン当日（とうじつ）、友美は朝（あさ）から胸（むね）がドキドキしていました。カバンには昨日（きのう）作（つく）ったトリュフチョコレートが入（はい）っています。家（いえ）を出（で）るとき、お母（かあ）さんが「がんばってね」と言（い）ってくれました。登校（とうこう）すると、教室（きょうしつ）はいつも通（どお）りの雰囲気（ふんいき）ですが、心（こころ）の中（なか）では「今日（きょう）、渡（わた）せるかな」と考（かんが）えて、手（て）が少（すこ）し震（ふる）えます。

On Valentine's Day, Yumi's heart is pounding from the moment she wakes up. Inside her bag is the box of truffle chocolates she made the day before. As she leaves the house, her mother tells her, "Good luck." When she arrives at school, the classroom looks the same as always, but inside she keeps thinking, "Will I be able to give them today?" Her hands tremble slightly.

教室に入ってきた優斗（ゆうと）くんに「おはよう。今日の放課後（ほうかご）、すぐに部活（ぶかつ）に行（い）かないで、少し教室で待（ま）ってて」と伝（つた）えました。優斗くんは「うん」とだけ言（い）って、自分（じぶん）の席（せき）に行ってしまいました。

When Yuto comes into the classroom, she says, "Good morning. After school today, don't go straight to the club. Can you wait in the classroom for a bit?"

Yuto just replies, "Okay," and heads to his seat.

お昼休（ひるやす）み、お弁当（べんとう）を食（た）べる準備（じゅんび）のためにカバンを机（つくえ）に置（お）くと、突然（とつぜん）、教室（きょうしつ）が大（おお）きく揺（ゆ）れました。地震（じしん）です。「きゃあ！」とみんな驚（おどろ）き、校庭（こうてい）に避難（ひなん）します。震度（しんど）5と大（おお）きな地震でしたが、幸（さいわ）い大きな被害（ひがい）はなく、みんな無事（ぶじ）だったので、すぐに教室に戻（もど）りました。

At lunchtime, as she places her bag on the desk to get ready for her meal, the classroom suddenly shakes violently. It's an earthquake. Everyone screams and evacuates to the schoolyard. The quake is large and 5 on the Japanese seismic intensity, but luckily there is no serious damage, and everyone is safe, so they all return to the classroom.

しかし、教室に戻ると、友美のカバンが床（ゆか）に落（お）ちています。避難するときに誰（だれ）かにカバンを踏（ふ）まれてしまい、カバンのなかに入っていたトリュフチョコレートの箱（はこ）は、ぐちゃぐちゃになっていました。友美の胸はぎゅっと痛（いた）みました。「せっかく作ったのに、どうしよう。今日渡（わた）さないといけないのに…」と、つい涙（なみだ）が出（で）てしまいました。葵（あおい）ちゃんと真里（まり）ちゃんは「チョコはなくても、気持（きも）ちはちゃんと伝わるよ」と励（はげ）ましてくれましたが、悲（かな）しくて仕方（しかた）ありません。

However, when Yumi gets back, she sees her bag lying on the floor. It must have been stepped on during the evacuation. The box of truffle chocolates inside is completely squashed. Yumi's chest tightens painfully. "I worked so hard to make them... What should I do? I have to give them today..." Tears start to fall.

Aoi and Mari try to comfort her, saying, "Even without the chocolates, your feelings will still be conveyed," but she can't stop feeling sad.

放課後、結局（けっきょく）、友美は優斗くんに「やっぱりなんでもない」と言いました。優斗くんは少し驚（おどろ）いた顔（かお）をしましたが、「そっか」と言っただけでした。とても悲しくて、友美はテニス部（ぶ）の練習（れんしゅう）を休（やす）みました。家（いえ）に帰（かえ）ってお父（とう）さんとお母（かあ）さんにチョコレートが台無（だいな）しになってしまったこと、告白（こくはく）できなかったことを伝（つた）え、たくさん泣（な）きました。

After school, Yumi ends up saying to Yuto, "Actually, never mind." Yuto looks a little surprised, but simply says, "Okay." Overcome with sadness, Yumi skips tennis practice. When she gets home, she tells her parents that the chocolates were ruined and that she couldn't confess her feelings. Then she cries her heart out.

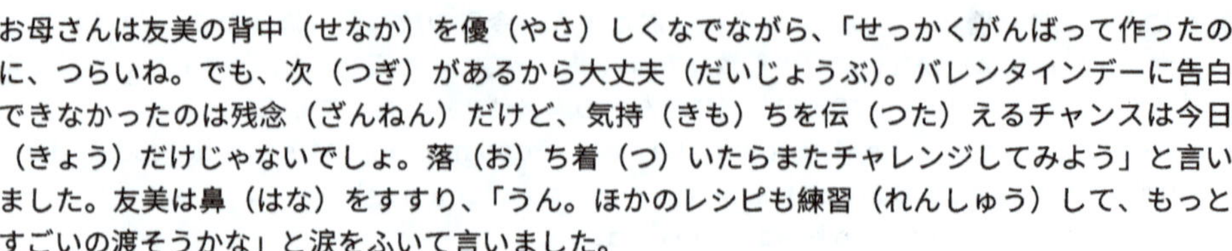

お母さんは友美の背中（せなか）を優（やさ）しくなでながら、「せっかくがんばって作ったのに、つらいね。でも、次（つぎ）があるから大丈夫（だいじょうぶ）。バレンタインデーに告白できなかったのは残念（ざんねん）だけど、気持（きも）ちを伝（つた）えるチャンスは今日（きょう）だけじゃないでしょ。落（お）ち着（つ）いたらまたチャレンジしてみよう」と言いました。友美は鼻（はな）をすすり、「うん。ほかのレシピも練習（れんしゅう）して、もっとすごいの渡そうかな」と涙をふいて言いました。

Yumi's mother gently stroked her back and said, "You worked so hard to make this, so it must be painful. But it's okay—there will be another chance. It's disappointing that you couldn't confess on Valentine's Day, but today isn't the only day you can express your feelings. Once you calm down, you can try again."

Sniffling, Yumi wiped her tears and said, "Yes. I'll practice with other recipes too, and maybe give him something even more amazing."

「お父さんだったら、友美が作ってくれたんだから床に落ちてるものだって食（た）べるよ」とお父さんが冗談（じょうだん）っぽく言うと、お母さんは「今（いま）じゃない」とちょっと冷（つめ）たく言ってから、また優しく友美の背中をなでました。

Her father joked, "If it were me, I'd even eat something that fell on the floor, just because Yumi made it for me."

Her mother, sounding a bit sharp, said, "Not now," before gently stroking Yumi's back again.

Vocabulary

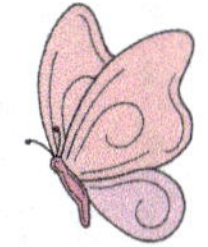

当日　とうじつ　on that day

いつも通り　いつもどおり　as usual

雰囲気　ふんいき　atmosphere

震える　ふるえる　to tremble

席　せき　seat

机　つくえ　desk

突然　とつぜん　suddenly

揺れる　ゆれる　to shake

地震　じしん　earthquake

校庭　こうてい　schoolyard

避難する　ひなんする　to evacuate

震度　しんど　earthquake scale, the Japanese seismic intensity

幸い　さいわい　fortunately

被害　ひがい　damage

無事　ぶじ　safe, all right

戻る　もどる　to return, to go back

床　ゆか　floor

誰か　だれか　someone

踏む　ふむ　to step on

ぐちゃぐちゃ　crumpled, messy

ぎゅっと痛む　ぎゅっといたむ　to feel gripping pain

つい　unintentionally, can't help ~

台無し　だいなし　ruined, messed up

泣く　なく　to cry

残念　ざんねん　disappointing, bad luck

冗談　じょうだん　joke

Quiz

1. 友美はいつ優斗くんにチョコレートを渡す予定でしたか。

2. 地震が起きたとき、みんなはどこに避難しましたか。

3. 友美がテニス部の練習を休んだのはどうしてですか。

Writing prompt

「ぐちゃぐちゃ」を使って文を作りましょう。（1文）

Let's Research

What should you do if an earthquake happens while you are at school? Research it and write down at least three safety steps.

Chapter 14

浅草観光/ SIGHTSEEING IN ASAKUSA

バレンタインの次の日の土曜日、友美は優斗くんに告白できなかったせいで、まだとても落ち込んでいました。お母さんから友美の様子を聞いたおばあちゃんは、友美に元気を出してもらおうと、浅草に一緒に行こうと誘いました。

友美はまだどこかに遊びにいくような気分ではありませんでしたが、せっかくおばあちゃんが誘ってくれたので、出かけることにしました。

誕生日におばあちゃんがくれた着物を着て外を歩いてみると、普段の自分とは違う、大和撫子になったような気がして、少し気分が晴れました。途中で和食のレストランに入りました。テーブルにつくと、となりに座っていた外国人が、英語でメンチカツが何の肉か友美に聞きました。

友美はメンチカツが何の肉かわからず、おばあちゃんに聞きました。「このメンチカツは豚肉よ」と教えてもらいましたが、「豚肉」を英語でなんて言うか忘れてしまい、「pig」と答えました。その外国人はにっこり笑って、「Thank you」と言いました。さらに、メニューにあるほかの料理にはどんな材料が使われているのかも聞かれましたが、友美はスムーズに答えられません。スマートフォンでGoogle翻訳を使いながら簡単な英語で伝えましたが、「もっとちゃんと教えてあげたかったな」とレストランを出てから思いました。それでもおばあちゃんは「友美ちゃん、外国人と話せてすごいね。おばあちゃんは、メンチカツって『men-tikka-two』っていう英語だと思ってた」と笑ってほめてくれました。

学校で毎日英語を勉強しているけれど、いざ話そうとすると、全然言葉が出てきませんでした。友美は「学校で英語の先生ともっと英語で話せば、もっとスムーズに答えられるかもしれない。英会話のYouTubeも見て、もっと勉強をがんばろう」と思いました。食事を終え、浅草の街を歩くと、たくさんの外国人が観光に来ていました。お店の人もがんばって英語で接客していて、「かっこいいな」と友美は思いました。「おばあちゃん、私、将来海外に日本を紹介する仕事がしたいな」と言うと、おばあちゃんは「すてきね。友美ちゃんは社交的だから、きっと楽しくお仕事できるよ」と優しく言いました。将来どんなことをしようか考えていると、少しずつ前向きな気持ちになってきました。「バレンタインには告白できなかったけど、来週また優斗くんに話しかけてみよう」と友美は思いました。

Synopsis

おばあちゃんと浅草に来た友美は、外国人と英語で思うようにコミュニケーションを取れませんでした。英語で接客しているお店の人たちを見て、友美は将来海外に日本を紹介する仕事がしたいと考えます。

Yumi came to Asakusa with her grandmother, but she had trouble communicating with some tourists in English. Seeing the shop staff talking to foreigners in English, Yumi started thinking about her future, deciding that she wants a job where she can introduce Japan to the rest of the world.

English Translation with Furigana

バレンタインの次（つぎ）の日（ひ）の土曜日（どようび）、友美は優斗（ゆうと）くんに告白（こくはく）できなかったせいで、まだとても落（お）ち込（こ）んでいました。お母（かあ）さんから友美の様子（ようす）を聞（き）いたおばあちゃんは、友美に元気（げんき）を出（だ）してもらおうと、浅草（あさくさ）に一緒（いっしょ）に行（い）こうと誘（さそ）いました。友美はまだどこかに遊（あそ）びにいくような気分（きぶん）ではありませんでしたが、せっかくおばあちゃんが誘（さそ）ってくれたので、出（で）かけることにしました。
The day after Valentine's Day, on Saturday, Yumi was still feeling very sad because she hadn't been able to confess her feelings to Yuto. Hearing about Yumi's condition from her mother, her grandmother invited her to go to Asakusa together to cheer her up. Yumi wasn't really in the mood to go out, but since her grandmother had gone out of her way to invite her, she decided to go.

誕生日（たんじょうび）におばあちゃんがくれた着物（きもの）を着（き）て外（そと）を歩（ある）いてみると、普段（ふだん）の自分（じぶん）とは違（ちが）う、大和撫子（やまとなでしこ）になったような気（き）がして、少（すこ）し気分が晴（は）れました。途中（とちゅう）で和食（わしょく）のレストランに入（はい）りました。テーブルにつくと、となりに座（すわ）っていた外国人（がいこくじん）が、英語（えいご）でメンチカツが何（なん）の肉（にく）か友美に聞（き）きました。

When she walked outside wearing the kimono her grandmother had given her for her birthday, she felt different from her usual self—almost like a graceful Japanese lady—and her mood lifted a little. On the way, they stopped at a Japanese restaurant. As they sat down, a foreigner at the next table asked Yumi in English what kind of meat was used in menchi-katsu.

友美はメンチカツが何の肉かわからず、おばあちゃんに聞きました。「このメンチカツは豚肉（ぶたにく）よ」と教（おし）えてもらいましたが、「豚肉」を英語でなんて言（い）うか忘（わす）れてしまい、「pig」と答（こた）えました。その外国人はにっこり笑（わら）って、「Thank you」と言いました。さらに、メニューにあるほかの料理（りょうり）にはどんな材料（ざいりょう）が使（つか）われているのかも聞かれましたが、友美はスムーズに答えられません。スマートフォンでGoogle翻訳（ほんやく）を使いながら簡単（かんたん）な英語で伝（つた）えましたが、「もっとちゃんと教（おし）えてあげたかったな」とレストランを出てから思（おも）いました。それでもおばあちゃんは「友美ちゃん、外国人と話せてすごいね。おばあちゃんは、メンチカツって『men-tikka-two』っていう英語だと思ってた」と笑（わら）ってほめてくれました。

Since Yumi didn't know what kind of meat it was, she asked her grandmother. "It's pork," her grandmother told her.
But Yumi forgot how to say "pork" in English and answered, "pig."
The foreigner smiled and said, "Thank you." He then asked about the ingredients in other dishes on the menu as well, but Yumi couldn't answer smoothly. She used Google Translate on her smartphone to explain in simple English, but after they left the restaurant, she thought, "I wish I could have explained it better."
Still, her grandmother smiled and praised her, saying, "Yumi, that's amazing—you can talk to foreigners! I thought menchi katsu was English and pronounced like 'men-tikka-two.'"

学校（がっこう）で毎日（まいにち）英語を勉強（べんきょう）しているけれど、いざ話（はな）そうとすると、全然（ぜんぜん）言葉（ことば）が出てきませんでした。友美は「学校で英語の先生（せんせい）ともっと英語で話せば、もっとスムーズに答えられるかもしれない。英会話（えいかいわ）のYouTubeも見（み）て、もっと勉強をがんばろう」と思いました。

Although she studies English every day at school, she realized that when it came time to actually speak, she couldn't get the words out. Yumi thought, "If I talk more in English with my teacher at school, maybe I'll be able to answer more smoothly. I should also watch English conversation videos on YouTube and study harder."

食事（しょくじ）を終（お）え、浅草の街（まち）を歩（ある）くと、たくさんの外国人が観光（かんこう）に来（き）ていました。お店（みせ）の人（ひと）もがんばって英語で接客（せっきゃく）していて、「かっこいいな」と友美は思いました。「ねえおばあちゃん、私（わたし）、将来（しょうらい）海外（かいがい）に日本（にほん）を紹介（しょうかい）する仕事（しごと）がしたいな」と言うと、おばあちゃんは「すてきね。友美ちゃんは社交的（しゃこうてき）だから、きっと楽（たの）しくお仕事できるよ」と優（やさ）しく言いました。将来どんなことをしようか考（かんが）えていると、少しずつ前向（まえむ）きな気持（きも）ちになってきました。「バレンタインには告白できなかったけど、来週（らいしゅう）また優斗くんに話しかけてみよう」と友美は思いました。

After eating, they walked around Asakusa and saw many foreign tourists. The shopkeepers were doing their best to serve customers in English, and Yumi thought, "That's so cool." She said to her grandmother, "Grandma, I want to have a job in the future where I can introduce Japan to people from other countries."

Her grandmother gently replied, "That's wonderful. You're very sociable, so I'm sure you'll enjoy that kind of work."

As Yumi thought about what she wanted to do in the future, she gradually began to feel more positive. "I couldn't confess on Valentine's Day, but maybe I'll try talking to Yuto again next week," she thought.

Vocabulary

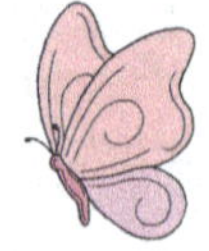

落ち込む　おちこむ　to feel down, to feel depressed

元気を出す　げんきをだす　to cheer up

誘う　さそう　to invite

せっかく　might as well, since

出かける　でかける　to go out

普段　ふだん　usual, usually

気分が晴れる　きぶんがはれる　to feel better

大和撫子　やまとなでしこ　a woman who possesses the traditional Japanese beauty

和食　わしょく　Japanese cuisine

外国人　がいこくじん　foreigner

メンチカツ　minced meat

肉　にく　meat

豚肉　ぶたにく　pork

材料　ざいりょう　ingredient

翻訳　ほんやく　translate

英会話　えいかいわ　English conversation

観光　かんこう　sightseeing

接客する　せっきゃくする　to serve

将来　しょうらい　future

海外　かいがい　abroad, overseas

日本　にほん　Japan

社交的　しゃこうてき　sociable

Quiz

1 友美が浅草に行こうと思ったのはなぜですか。

2 英語を話せるようになるために、これから何をしようと友美は考えていますか。2つ答えましょう。

3 おばあちゃんは友美の性格（せいかく）について、何と言っていますか?

Practice

Learn how to say meat-related terms in Japanese.

- 豚肉（ぶたにく）　pork
- 牛肉（ぎゅうにく）beef
- 鶏肉（とりにく）　chicken
- 焼肉（やきにく）　Korean barbecue
- 生肉（なまにく）　raw meat

Chapter 15

友美の失恋/ YUMI'S BROKEN HEART

月曜日、友美が教室に入ると、男の子たちが優斗くんのところに集まって話をしていました。聞こえてきたのは、美紀ちゃんがバレンタインに優斗くんに告白して、2人は付き合うことになったという話です。友美の胸はぎゅっと締め付けられました。

その日の授業は、何も頭に入ってきませんでした。先生の話を聞いていても、ノートを書いていても、優斗くんと美紀ちゃんのことを考えてしまいます。「仕方ないよ、告白してないんだから。

2人はお似合いだし、きっと、チョコを渡して告白してたって、どうせうまくいかなかったよ。」そう自分に言い聞かせ、涙をこらえました。

お昼休み、美紀ちゃんと優斗くんは、一緒にお弁当を持ってどこかに向かいました。「一緒に静かなところで、2人きりでお弁当食べるのかな」と友美は考えました。元気のない友美に葵ちゃんと真里ちゃんが「大丈夫?」と聞きましたが、友美は「平気だよ」と笑ってごまかしました。

本当は大丈夫ではありませんでしたが、ほかに何を言ったらいいかわかりません。「大丈夫じゃない」と葵ちゃんと真里ちゃんに言っても、優斗くんと美紀ちゃんは別れないし、優斗くんは友美を好きになってくれません。

放課後、部活に行こうとすると、偶然優斗くんとすれ違いました。「この前、本当になんでもなかったの? 本当は何か話そうとしてた?」と優斗くんに聞かれましたが、「本当になんでもないよ。数学のわからないところを質問しようとしたの。

優斗くん数学得意でしょ? でも、真里ちゃんに教えてもらったから大丈夫」と嘘をついて、走ってテニスコートに行きました。「やっぱり、ちゃんと好きって言えばよかったなぁ」と思いながら、友美はテニスの練習に打ち込みました。

何もしないでいると優斗くんのことを考えて落ち込んでしまうので、家に帰ったら、夕飯を急いで食べて、宿題と予習に集中しました。そのあとはYouTubeで英会話の動画を見て、眠くなるまで英語の勉強をしました。

布団のなかでTikTokを見ていると、振られた女の子や、告白できなかった女の子が泣いている動画が目に入りました。コメント欄には、「そいつの見る目がないだけ!」」「きれいになって見返してやろう!」など温かいメッセージがたくさん書いてあります。友美は、「1人じゃないんだな」と思うと、少し気持ちが楽になりました。

Synopsis

優斗くんと美紀ちゃんが付き合うことになったことを知った友美はとても落ち込みます。心配する友達には「平気だよ」と嘘をつき、優斗くんにも「なんでもない」と本当の気持ちをごまかします。TikTokでほかの振られた女の子たちを見ながら、1人じゃないと少し安心します。

Yumi was heartbroken when she found out that Yuto and Miki began dating. When her friends asked if she was okay, she lied and said, "I'm fine" and she also told Yuto "It's nothing" to hide how she really felt. Later, while watching videos of other girls who had been rejected on TikTok, she felt a little relieved, realizing she wasn't alone.

English Translation with Furigana

月曜日（げつようび）、友美が教室（きょうしつ）に入（はい）ると、男（おとこ）の子（こ）たちが優斗（ゆうと）くんのところに集（あつ）まって話（はなし）をしていました。聞（き）こえてきたのは、美紀（みき）ちゃんがバレンタインに優斗くんに告白（こくはく）して、2人（ふたり）は付（つ）き合（あ）うことになったという話です。友美の胸（むね）はぎゅっと締（し）め付（つ）けられました。

On Monday, when Yumi entered the classroom, she saw a group of boys gathered around Yuto, talking excitedly. She overheard that Miki had confessed to him on Valentine's Day, and the two of them had started dating. Yumi's chest tightened painfully.

その日（ひ）の授業（じゅぎょう）は、何（なに）も頭（あたま）に入ってきませんでした。先生（せんせい）の話を聞いていても、ノートを書（か）いていても、優斗くんと美紀ちゃんのことを考（かんが）えてしまいます。「仕方（しかた）ないよ、告白してないんだから。2人はお似合（にあ）いだし、きっと、チョコを渡（わた）して告白してたって、どうせうまくいかなかったよ。」そう自分（じぶん）に言（い）い聞（き）かせ、涙（なみだ）をこらえました。

She couldn't focus on the lessons at all that day. Even while listening to the teacher or taking notes, her mind kept drifting to Yuto and Miki. "It can't be helped. I never confessed anyway. They look good together. Even if I had given him the chocolates and confessed, it probably wouldn't have worked out," she told herself, holding back tears.

お昼休（ひるやす）み、美紀ちゃんと優斗くんは、一緒（いっしょ）にお弁当（べんとう）を持（も）ってどこかに向（む）かいました。「一緒に静（しず）かなところで、2人きりでお弁当食（た）べるのかな」と友美は考えました。元気（げんき）のない友美に葵（あおい）ちゃんと真里（まり）ちゃんが「大丈夫（だいじょうぶ）？」と聞きましたが、友美は「平気（へいき）だよ」と笑（わら）ってごまかしました。本当（ほんとう）は大丈夫ではありませんでしたが、ほかに何を言ったらいいかわかりません。「大丈夫じゃない」と葵ちゃんと真里ちゃんに言っても、優斗くんと美紀ちゃんは別（わか）れないし、優斗くんは友美を好（す）きになってくれません。

During lunch break, Miki and Yuto left the classroom carrying their lunch boxes. "They're probably going somewhere quiet to eat together… just the two of them," Yumi thought.
Aoi and Mari asked, "Are you okay?" when they noticed her looking down, but Yumi brushed it off with a smile, saying, "I'm fine."
She wasn't fine at all, but she didn't know what else to say. Even if she said, "I'm not okay," it wouldn't make Yuto and Miki break up, nor would it make Yuto like her instead.

放課後（ほうかご）、部活（ぶかつ）に行（い）こうとすると、偶然（ぐうぜん）優斗くんとすれ違（ちが）いました。「この前（まえ）、本当になんでもなかったの？ 本当は何か話そうとしてた？」と優斗くんに聞かれましたが、「本当になんでもないよ。数学（すうがく）のわからないところを質問しようとしたの。優斗くん数学得意（とくい）でしょ？ でも、真里ちゃんに教えてもらったから大丈夫」と嘘（うそ）をついて、走（はし）ってテニスコートに行きました。「やっぱり、ちゃんと好きって言えばよかったなぁ」と思（おも）いながら、友美はテニスの練習（れんしゅう）に打（う）ち込（こ）みました。

After school, as Yumi was heading to club practice, she happened to run into Yuto. He asked, "The other day… was it really nothing? Weren't you about to say something?"
But Yumi lied and replied, "It was really nothing. I was just going to ask you about a math problem. You're good at math, right? But Mari helped me, so it's fine." Then she ran off to the tennis court. As she ran, she thought, "I really should have just told him I liked him…"

何もしないでいると優斗くんのことを考えて落（お）ち込（こ）んでしまうので、家（いえ）に帰（かえ）ったら、夕飯（ゆうはん）を急（いそ）いで食べて、宿題（しゅくだい）と予習（よしゅう）に集中（しゅうちゅう）しました。そのあとはYouTubeで英会話（えいかいわ）の動画（どうが）を見て、眠（ねむ）くなるまで英語（えいご）の勉強（べんきょう）をしました。

Since doing nothing would only make her think about Yuto and feel worse, she hurried home after practice, ate dinner quickly, and focused on homework and reviewing her lessons. After that, she watched English conversation videos on YouTube and studied until she got sleepy.

布団（ふとん）のなかでTikTokを見ていると、振（ふ）られた女（おんな）の子（こ）や、告白できなかった女の子が泣（な）いている動画（どうが）が目（め）に入（はい）りました。コメント欄（らん）には、「そいつの見る目がないだけ！」」「きれいになって見返（みかえ）してやろう！」など温（あたた）かいメッセージがたくさん書（か）いてあります。友美は、「1人（ひとり）じゃないんだな」と思うと、少（すこ）し気持（きも）ちが楽（らく）になりました。

While Yumi was watching TikTok in bed, she came across videos of girls crying after being rejected or unable to confess their feelings. In the comments, people had written lots of encouraging messages like, "He just doesn't see your worth!" and "Get prettier and make him regret it!" Reading them, Yumi felt her heart lighten a little as she realized, "I'm not alone after all."

Vocabulary

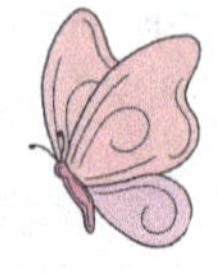

集まる　あつまる　to gather

締め付ける　しめつける　to tighten

頭に入る　あたまにはいる　to understand, to remember

お似合い　おにあい　well-matched

言い聞かせる　いいきかせる　to persuade

こらえる　to hold back

どこか　somewhere

ごまかす　to mystify

別れる　わかれる　to break up, to part from

偶然　ぐうぜん　coincidence

すれ違う　すれちがう　to pass each other

嘘をつく　うそをつく　to lie

走る　はしる　to run

打ち込む　うちこむ　to drive in

眠くなる　ねむくなる　to get sleepy

布団　ふとん　futon, bed, blanket

見る目がない　みるめがない　to be a poor judge of

見返す　みかえす　to review, to prove someone wrong

Quiz

1. 友美の胸がぎゅっと締め付けられたのは、なぜですか。

2. 葵ちゃんと真里ちゃんに「大丈夫?」と聞かれて、友美はなんと答えましたか。

3. 友美は悲しい気持ちを忘れるために、家に帰ってから何をしましたか。3つ答え
ましょう。

Writing prompt

友美はどうして優斗くんに嘘をついたのだと思いますか。また、あなたが友美なら、優斗くんに何を言いましたか。

Chapter 16

葵ちゃんの彼氏/ AOI'S BOYFRIEND

次の日の朝、登校の途中で優斗くんと美紀ちゃんが手をつないで歩いているのを見てしまい、朝から友美はとても落ち込みました。前向きになろうとしても、楽しそうな2人を見ると、悲しい気持ちになってしまいます。

お昼休み、葵ちゃんと真里ちゃんとお昼ご飯を食べていると、スマホを見ていた葵ちゃんが小さな声で言いました。「最近、彼氏のこと本当に好きかわからないんだよね。」葵ちゃんには中学校から付き合っている同級生の彼氏がいます。いつもラブラブな2人がうらやましかった友美は、とてもおどろきました。

「マジで? うまくいってるんじゃないの? 」と真里ちゃんが聞くと、「一緒に帰ったり、休みの日に出かけたりはしてるよ。でも、マンネリ化っていうか、会えなくても別にかまわないっていうか。今も、『今日は友達と約束があるから一緒に帰れない』って連絡がきたけど、じゃあ今日は1人でゆっくりお買い物しようって、ちょっとうれしかったの」と葵ちゃんは答えました。

「昔みたいに、一緒にいるだけでドキドキすることもないし、しばらく会えなくてもさみしくないし。もう好きじゃないのかもしれないなって思うの」と葵ちゃんが続けるので、友美は少し考えてから、慎重に言葉を選びました。「でもさ、ずっと一緒にいると、ドキドキが少なくなることもあるんじゃない？　安心できるってことかもしれないよ。」「そうかもしれないね」と葵ちゃんは静かに言って、お弁当を片づけてトイレに行きました。

ずっと黙って話を聞いていた真里ちゃんは、「恋愛って、付き合ってからも大変みたいだね」と友美にそっと言いました。たしかに大変そうだなと友美は思いましたが、それでも、彼氏がいる葵ちゃんのほうが自分よりずっと幸せなような気がしました。

「今日ね、友達が『彼氏のこと、好きかわからない』って言ってて。恋愛って、難しいね。」友美は夕飯を食べながらお父さんとお母さんに葵ちゃんのことを話しました。

お母さんは少し笑って言います。「好きって気持ちも、いろんな形があるからね。最初のころのドキドキも、安心して何でも話せる関係も、どっちも大切。でも、変わっていくことも自然なの。」

お父さんもうなずいて、「大切なのはコミュニケーションだよ。付き合って終わりじゃなくて、付き合ってからも、気持ちを伝え合ったり、正直に話し合ったりしないとね」と言いました。

「やっぱり恋愛って難しいね」と友美がつぶやくと、「そうだね。だからこそ、自分のペースで、いろんな経験を重ねることが大事だと思うよ」とお母さんが優しく微笑みました。

失恋してつらい今の気持ちも、いつかだれかと付き合うときに役に立つのかな。そんなことを考えながら、友美は仲良く並んでごはんを食べているお父さんとお母さんを見つめました。

Synopsis

お昼休み、葵ちゃんから「彼氏のことを本当に好きかわからない」と言われ、友美は恋愛の難しさを知ります。お父さんとお母さんから恋愛は自分のペースで、いろんな経験を重ねることが大事だと聞き、自分の失恋してつらい気持ちもいつか役立つのか考えます。

During lunchtime, Aoi told she wasn't sure if she truly liked her boyfriend, which made Yumi realize how complicated romance can be. Her mom and dad later told her that in love, it's important to go at your own pace and just gain different experiences. Yumi wondered if her own painful heartbreak would also be useful someday.

English Translation with Furigana

次（つぎ）の日（ひ）の朝（あさ）、登校（とうこう）の途中（とちゅう）で優斗（ゆうと）くんと美紀（みき）ちゃんが手（て）をつないで歩（ある）いているのを見（み）てしまい、朝から友美はとても落（お）ち込（こ）みました。前向（まえむ）きになろうとしても、楽（たの）しそうな2人（ふたり）を見ると、悲（かな）しい気持（きも）ちになってしまいます。
The next morning, on her way to school, Yumi saw Yuto and Miki walking hand in hand, and she felt very down from the start of the day. Even when she tried to stay positive, seeing the two of them happy together made her feel sad.

お昼休（ひるやす）み、葵（あおい）ちゃんと真里（まり）ちゃんとお昼（ひる）ご飯（はん）を食（た）べていると、スマホを見ていた葵ちゃんが小（ちい）さな声（こえ）で言いました。「最近（さいきん）、彼氏（かれし）のこと本当（ほんとう）に好（す）きかわからないんだよね。」葵ちゃんには中学校（ちゅうがっこう）から付（つ）き合（あ）っている同級生（どうきゅうせい）の彼氏がいます。いつもラブラブな2人がうらやましかった友美は、とてもおどろきました。
During lunch, Yumi was eating with Aoi and Mari when Aoi, looking at her smartphone, quietly said, "Lately, I'm not even sure if I really like my boyfriend." Aoi had been dating a classmate from middle school. Yumi, who envied Aoi and her boyfriend's constant affection, was very surprised.

「マジで？ うまくいってるんじゃないの？ 」と真里ちゃんが聞（き）くと、「一緒（いっしょ）に帰（かえ）ったり、休みの日（ひ）に出（で）かけたりはしてるよ。でも、マンネリ化（か）っていうか、会（あ）えなくても別（べつ）にかまわないっていうか。今（いま）も、『今日（きょう）は友達（ともだち）と約束（やくそく）があるから一緒に帰れない』って連絡（れんらく）がきたけど、じゃあ今日は1人（ひとり）でゆっくりお買（か）い物（もの）しようって、ちょっとうれしかったの」と葵ちゃんは答（こた）えました。
Mari asked, "For real? Wasn't it going well between you two?"
Aoi replied, "We did go home together and go out on weekends, but it felt kind of routine. If we couldn't meet, it wasn't a problem. Today he messaged me that he had plans with friends and couldn't walk home together, and honestly, I was a little happy to go shopping by myself."

「昔（むかし）みたいに、一緒にいるだけでドキドキすることもないし、しばらく会えなくてもさみしくないし。もう好きじゃないのかもしれないなって思（おも）うの」と葵ちゃんが続（つづ）けるので、友美は少（すこ）し考（かんが）えてから、慎重（しんちょう）に言葉（ことば）を選（えら）びました。「でもさ、ずっと一緒にいると、ドキドキが少なくなることもあるんじゃない？ 安心（あんしん）できるってことかもしれないよ。」「そうかもしれないね」と葵ちゃんは静（しず）かに言って、お弁当（べんとう）を片（かた）づけてトイレに行（い）きました。
Aoi continued, "I didn't feel excited just being together like before, and I didn't feel lonely if we couldn't meet for a while. Maybe I didn't even love him anymore."
After thinking carefully, Yumi chose her words and said, "But maybe when you're together all the time, that excitement fades. It might just mean you feel comfortable and secure."
Aoi quietly said, "That might be true," then put away her lunch and went to the restroom.

ずっと黙（だま）って話（はなし）を聞いていた真里ちゃんは、「恋愛（れんあい）って、付き合ってからも大変（たいへん）みたいだね」と友美にそっと言いました。たしかに大変そうだなと友美は思いましたが、それでも、彼氏がいる葵ちゃんのほうが自分（じぶん）よりずっと幸（しあわ）せなような気（き）がしました。

Mari, who had been listening silently, gently said to Yumi, "So love could be difficult even after you started dating, huh?" Yumi thought that it did seem hard, yet she still felt that Aoi, who had a boyfriend, seemed much happier than she was.

「今日（きょう）ね、友達（ともだち）が『彼氏のこと、好きかわからない』って言ってて。恋愛って、難（むずか）しいね。」友美は夕飯（ゆうはん）を食べながらお父さんとお母さんに葵ちゃんのことを話しました。

"Hey, you know what? My friend said today, 'I don't know if I still like my boyfriend.' Love sure is complicated." Yumi said over dinner to her father and mother.

お母さんは少（すこ）し笑（わら）って言（い）います。「好きって気持ちも、いろんな形（かたち）があるからね。最初（さいしょ）のころのドキドキも、安心して何（なん）でも話せる関係（かんけい）も、どっちも大切（たいせつ）。でも、変（か）わっていくことも自然（しぜん）なの。」

Her mother chuckled softly. "Feelings of love come in many forms. The butterflies you get at the beginning, and the comfort of being able to talk about anything—both are important. But it's also natural for those feelings to change over time."

お父さんもうなずいて、「大切なのはコミュニケーションだよ。付き合って終（お）わりじゃなくて、付き合ってからも、気持ちを伝え合ったり、正直（しょうじき）に話し合ったりしないとね」と言いました。

Her father nodded. "The key is communication. A relationship doesn't end when you start dating—it really begins there. You have to keep sharing your feelings honestly and talking things through."

「やっぱり恋愛って難しいね」と友美がつぶやくと、「そうだね。だからこそ、自分（じぶん）のペースで、いろんな経験（けいけん）を重（かさ）ねることが大事（だいじ）だと思うよ」とお母さんが優（やさ）しく微笑（ほほえ）みました。

"Love is hard, really," Yumi murmured.
"That's true. That's why it's important to go at your own pace and learn from every experience," her mother said with a gentle smile.

失恋（しつれん）してつらい今（いま）の気持ちも、いつかだれかと付き合うときに役（やく）に立（た）つのかな。そんなことを考（かんが）えながら、友美は仲良（なかよ）く並（なら）んでごはんを食べているお父さんとお母さんを見つめました。

Yumi glanced at her parents, sitting close together and enjoying dinner side by side. "Maybe even this sadness from heartbreak will help me someday, when I fall in love again," she thought.

Vocabulary

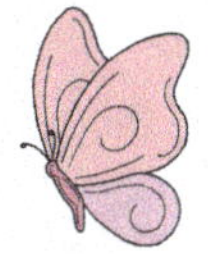

手をつなぐ　てをつなぐ　to hold hands

彼氏　かれし　boyfriend

中学校　ちゅうがっこう　junior high school

同級生　どうきゅうせい　classmate, schoolmate

ラブラブ　lovey-dovey

うらやましい　to envy

マンネリ化　マンネリか　Getting stuck in a rut

かまわない　not to care, not to mind

慎重に　しんちょうに　carefully

黙る　だまる　to shut up, to be silent

大変　たいへん　hard, dreadful

幸せ　しあわせ　happy

恋愛　れんあい　romance

正直　しょうじき　being honest

経験　けいけん　experience

役に立つ　やくにたつ　to be useful

Quiz

1. 友美は登校途中にどうして悲しくなりましたか。

2. 葵ちゃんは自分の彼氏についてどのように感じていると言いましたか。

3. 友美は葵ちゃんにどんなアドバイスをしましたか。

4. 友美が自分より葵ちゃんのほうが幸せだと思うのはなぜですか。

5. お父さんは、恋愛では何が大切だと言っていますか。

Chapter 17

新学期/ NEW SEMESTER

4月。友美は今日から2年生です。桜の花びらがまだ校庭に残る朝、新しいクラスの名簿を見た瞬間、友美の心は少しざわつきました。自分の名前のすぐ下に、優斗くん、美紀ちゃんの名前が並んでいたのです。しかも、葵ちゃんと真里ちゃんは別のクラスです。教室に入ると、優斗くんと美紀ちゃんは同じ列の席に座り、男の子たちから「夫婦みたいに仲良しだな！」とからかわれて笑っていました。美紀ちゃんは照れながら「やめてよ」と言っていましたが、その表情は幸せそうで、友美は思わず目をそらしました。

休み時間になると、葵ちゃんと真里ちゃんがわざわざ友美の教室まで来て「同じクラスじゃないのさみしいね」と言ってくれましたが、チャイムが鳴って戻っていく後ろ姿を見送ると、急に教室が広く感じました。

放課後、テニス部の練習に行くと、テニスコートには、新入生が20人ほど見学に来ていました。先生が集まった部員に向かって、「今年は初心者の1年生が多いから、基礎を教える係を作る。友美、お前頼むな」と言いました。「えっ、私ですか？」と友美は思わず声が裏返ります。もっと上手な子がいるのに、と戸惑いながらも、「はい、やってみます」と返しました。

すると、初心者らしい女の子がラケットをぎこちなく持って近づいてきて、「あの、持ち方、これで合ってますか？」と聞いてきました。「うん、いいと思う。でも、もう少し親指を…こう！」と手を添えると、「ありがとうございます、友美先輩！」と笑顔でおじぎをしてくれました。先輩、と呼ばれたことに少しむずむずしましたが、悪い気はしませんでした。

そのあとも友美はたくさんの1年生を指導しました。部活が終わるころにはクタクタで、家に帰るとすぐに寝てしまいました。ベッドに入ってから、ふと「今日、部活中に1回も優斗くんのこと考えなかったな」と思い出しました。いつの間にか落ち込んでいる時間も減っていることに気づき、新しいクラスでもなんとかやっていけそうだな、と友美は安心して眠りにつきました。

Synopsis

クラス替えで友美は優斗くんと美紀ちゃんと同じクラス、葵ちゃんと真里ちゃんとは別のクラスになり落ち込みます。テニス部で新入生の指導役に選ばれて忙しくなったため、優斗くんのことを考える時間や、落ち込んでいる時間が減り、新しいクラスでもやっていけそうな気がしています。

When the classes were shuffled, Yumi was disappointed to find herself in the same class as Yuto and Miki, but in a different class from Aoi and Mari. However, she got busy right away because she was chosen to mentor the new students in the Tennis Club. Being so busy meant she had less time to think about Yuto, and less time to feel down. Now, she's starting to feel like she'll be just fine in her new class after all.

English Translation with Furigana

4月（しがつ）。友美は今日（きょう）から2年生（にねんせい）です。桜（さくら）の花（はな）びらがまだ校庭（こうてい）に残（のこ）る朝（あさ）、新（あたら）しいクラスの名簿（めいぼ）を見（み）た瞬間（しゅんかん）、友美の心（こころ）は少（すこ）しざわつきました。自分（じぶん）の名前（なまえ）のすぐ下（した）に、優斗（ゆうと）くん、美紀（みき）ちゃんの名前が並（なら）んでいたのです。しかも、葵（あおい）ちゃんと真里（まり）ちゃんは別（べつ）のクラスです。教室（きょうしつ）に入（はい）ると、優斗くんと美紀ちゃんは同（おな）じ列（れつ）の席（せき）に座（すわ）り、男（おとこ）の子（こ）たちから「夫婦（ふうふ）みたいに仲良（なかよ）しだな！」とからかわれて笑（わら）っていました。美紀ちゃんは照（て）れながら「やめてよ」と言（い）っていましたが、その表情（ひょうじょう）は幸（しあわ）せそうで、友美は思（おも）わず目（め）をそらしました。

It's April, and Yumi starts her second year of high school. On a morning when cherry blossom petals still remain in the schoolyard, she feels a little uneasy the moment she looks at the new class roster. Her name is immediately followed by Yuto and Miki's names. Moreover, Aoi and Mari are in a different class.
When she enters the classroom, Yuto and Miki are sitting in the same row, and the boys tease them, saying, "You two are like a married couple!"
Miki blushes and says, "Stop it," but her expression looks happy, and Yumi quickly looks away.

休（やす）み時間（じかん）になると、葵ちゃんと真里ちゃんがわざわざ友美の教室まで来（き）て「同じクラスじゃないのさみしいね」と言ってくれましたが、チャイムが鳴（な）って戻（もど）っていく後（うし）ろ姿（すがた）を見送（みおく）ると、急（きゅう）に教室が広（ひろ）く感（かん）じました。

During the break, Aoi and Mari come to Yumi's classroom and say, "It's lonely not being in the same class," but after seeing them leave as the bell rings, the classroom suddenly feels very spacious.

放課後（ほうかご）、テニス部（ぶ）の練習（れんしゅう）に行（い）くと、テニスコートには、新入生（しんにゅうせい）が20人（にじゅうにん）ほど見学（けんがく）に来ていました。先生（せんせい）が集（あつ）まった部員（ぶいん）に向（む）かって、「今年（ことし）は初心者（しょしんしゃ）の1年生（いちねんせい）が多（おお）いから、基礎（きそ）を教（おし）える係（かかり）を作（つく）る。友美、お前（まえ）頼（たの）むな」と言いました。「えっ、私（わたし）ですか？」と友美は思わず声（こえ）が裏返（うらがえ）ります。もっと上手（じょうず）な子（こ）がいるのに、と戸惑（とまど）いながらも、「はい、やってみます」と返（かえ）しました。

After school, Yumi goes to tennis club practice. About twenty new first-year students are visiting the tennis courts. The teacher says to the gathered members, "There are many beginner first-years this year, so we'll make a training manager to teach the basics. Yumi, I'm counting on you."
Yumi's voice cracks as she says, "Huh, me?" There are others who are better… she thinks, but answers, "Okay, I'll try," despite feeling unsure.

すると、初心者らしい女（おんな）の子がラケットをぎこちなく持（も）って近（ちか）づいてきて、「あの、持ち方（かた）、これで合（あ）ってますか？」と聞（き）いてきました。「うん、いいと思う。でも、もう少し親指（おやゆび）を…こう！」と手（て）を添（そ）えると、「ありがとうございます、友美先輩（せんぱい）！」と笑顔（えがお）でおじぎをしてくれました。先輩、と呼（よ）ばれたことに少しむずむずしましたが、悪（わる）い気（き）はしませんでした。

An apparent beginner girl approaches her awkwardly, holding a racket, and asks, "Um, is this how I should hold it?"
Yumi places her hands over hers and says, "Yes, that's good. But put your thumb like… this"
The girl bows and says with a smile, "Thank you, Yumi senpai!" Yumi feels a little shy being called "senpai," but she doesn't feel bad at all.

そのあとも友美はたくさんの1年生を指導（しどう）しました。部活（ぶかつ）が終（お）わるころにはクタクタで、家（いえ）に帰（かえ）るとすぐに寝（ね）てしまいました。ベッドに入（はい）ってから、ふと「今日（きょう）、部活中（ちゅう）に1回（いっかい）も優斗くんのこと考（かんが）えなかったな」と思い出（だ）しました。いつの間（ま）にか落（お）ち込（こ）んでいる時間（じかん）も減（へ）っていることに気（き）づき、新（あたら）しいクラスでもなんとかやっていけそうだな、と友美は安心（あんしん）して眠（ねむ）りにつきました。

She continues teaching many first-years, and by the end of practice, she is exhausted. When she gets home and lies down in bed, she suddenly realizes, "I didn't think about Yuto even once during the club today." She notices that she's spending less time feeling down, and she falls asleep feeling reassured that she can manage her new class life.

Vocabulary

桜　さくら　cherry blossom

花びら　はなびら　petal

名簿　めいぼ　roster, name list

瞬間　しゅんかん　moment

並ぶ　ならぶ　to line up

列　れつ　row

夫婦　ふうふ　married couple

からかう　tease

照れる　てれる　to blush, to be shy

目をそらす　めをそらす　to look away

後ろ姿　うしろすがた　back view

見送る　みおくる　to see off

広い　ひろい　wide, spacious

新入生　しんにゅうせい　new student, freshman

見学　けんがく　to have a look, to watch, to visit

初心者　しょしんしゃ　beginner

基礎　きそ　basics

頼む　たのむ　to depend on, to rely on, to ask

声が裏返る　こえがうらがえる　one's voice cracks

戸惑う　とまどう　to be confused

ぎこちない　awkward, stiff

親指　おやゆび　thumb

むずむず　tingling

クタクタ　worn out

Quiz

1 クラスメイトにからかわれて、美紀ちゃんはどのように反応しましたか。

2 葵ちゃんと真里ちゃんは、チャイムを聞いてどこに行きましたか。

3 最後に友美が「新しいクラスでもなんとかやっていけそうだな」と思えたのは、なぜですか。

Writing prompt

先生が友美を基礎を教える係に選んだのはどうしてだと思いますか。あなたの考えを書きましょう。

Chapter 18

後輩の指導 / MENTORING JUNIORS

次の日も、放課後のテニスコートには、たくさんの1年生が集まって練習していました。初心者の子たちはラケットをぎこちなく握り、ボールを打つのも思うようにいかず、あちこちで笑い声やため息が聞こえます。

友美は、1年生のなかでも莉子ととくに仲良くなりました。莉子は初心者ですが、いつも楽しそうに素振りをがんばっています。莉子に「先輩、どうしてそんなに上手に教えられるんですか？」「先輩のアドバイス、わかりやすくてすごいです！」と言われるたび、友美は自分に自信がついてきました。

最近は失恋やクラス替えで落ち込むことが多かった友美ですが、後輩との交流を通して、明るく元気な自分を少しずつ取り戻しています。しかし、後輩の指導に忙しくて、ほかの2年生と話す時間が最近ほとんどありません。よく一緒に練習している仲間と交流できないことに、さみしさを感じる瞬間もあります。「私も同じ2年生なのに、なんだか仲間外れにされているような気分だな…」と心の中でつぶやきました。

練習が終わると、3年生の部長が友美に近づいてきて「1年生の指導がんばってるね。困ってることはない？」と聞きました。友美は、「1年生はみんな良い子だし、すぐに上達していくから楽しいです。でも、ほかの2年生と距離ができてしまったような気がして、ちょっとさみしいです」と言いました。部長は、「後輩に好かれるのって、難しいんだよ。普通は先輩を怖がって、あんまり質問もしてこないの。でも、今年の1年生は友美のおかげで楽しそうだし、先輩と後輩との交流が今までよりさかんだよ」と友美をほめてくれました。ほかの2年生も、「友美のおかげで、私たちも後輩に話しかけやすいよ」と言ってくれたので、友美はとてもうれしくなりました。明日はみんなにスマッシュのやり方を教えてあげよう。ストレッチの方法や、家でできるトレーニングも教えてあげなきゃ。やりたいことがたくさん頭に浮かんできて、友美はうずうずしながら家に帰り、1年生のトレーニング計画をノートに書き込みました。

Synopsis

友美はテニス部の1年生の指導を通して自信をつけ始め、明るく元気な自分を取り戻し始めています。一方、指導が忙しく、同じ2年生とあまり交流できないことにさみしさを感じていました。しかし、部長やほかの2年生に部内での活躍をほめられたことで、さらにやる気を出します。

Yumi is starting to feel much more confident thanks to mentoring the tennis club freshmen, and she's getting back her bright, energetic self. On the other side, she was feeling a little lonely because being a mentor kept her so busy she didn't get to hang out much with the other sophomores. But when the club captain and the other second-years praised her for how well she was doing, it gave her a boost of motivation.

English Translation with Furigana

次（つぎ）の日（ひ）も、放課後（ほうかご）のテニスコートには、たくさんの1年生（いちねんせい）が集（あつ）まって練習（れんしゅう）していました。初心者（しょしんしゃ）の子（こ）たちはラケットをぎこちなく握（にぎ）り、ボールを打（う）つのも思（おも）うようにいかず、あちこちで笑（わら）い声（ごえ）やため息（いき）が聞（き）こえます。
The next day, many first-year students gathered on the tennis court after school to practice again. The beginners held their rackets awkwardly and struggled to hit the balls properly, and laughter and sighs could be heard all around.

友美は、1年生のなかでも莉子（りこ）ととくに仲良（なかよ）くなりました。莉子は初心者ですが、いつも楽（たの）しそうに素振（すぶ）りをがんばっています。莉子に「先輩（せんぱい）、どうしてそんなに上手（じょうず）に教（おし）えられるんですか？」「先輩のアドバイス、わかりやすくてすごいです！」と言（い）われるたび、友美は自分（じぶん）に自信（じしん）がついてきました。
Among the first-years, Yumi became especially close with Riko. Although Riko was a beginner, she always practiced her swings enthusiastically. Every time Riko said, "Senpai, how are you so good at teaching?" or "Your advice is so easy to understand! You're amazing!" Yumi felt her confidence grow.

最近（さいきん）は失恋（しつれん）やクラス替（が）えで落（お）ち込（こ）むことが多（おお）かった友美ですが、後輩（こうはい）との交流（こうりゅう）を通（とお）して、明（あか）るく元気（げんき）な自分を少（すこ）しずつ取（と）り戻（もど）しています。しかし、後輩の指導（しどう）に忙（いそが）しくて、ほかの2年生（にねんせい）と話（はな）す時間（じかん）が最近ほとんどありません。よく一緒（いっしょ）に練習している仲間（なかま）と交流（こうりゅう）できないことに、さみしさを感（かん）じる瞬間（しゅんかん）もあります。「私（わたし）も同（おな）じ2年生なのに、なんだか仲間（なかま）外（はず）れにされているような気分（きぶん）だな…」と心（こころ）の中（なか）でつぶやきました。

Recently, Yumi had been feeling down because of her heartbreak and the new class assignments, but through interacting with the juniors, she was slowly regaining her cheerful and energetic self. However, she was so busy coaching the first-years that she hardly had any time to talk with the other second-year members. There were moments when she felt a little lonely, thinking, "I'm also a second-year, but it kind of feels like I'm being left out…"

練習が終（お）わると、3年生（さんねんせい）の部長（ぶちょう）が友美に近（ちか）づいてきて「1年生の指導（しどう）がんばってるね。困（こま）ってることはない？」と聞（き）きました。友美は、「1年生はみんな良（い）い子（こ）だし、すぐに上達（じょうたつ）していくから楽（たの）しいです。でも、ほかの2年生と距離（きょり）ができてしまったような気（き）がして、ちょっとさみしいです」と言いました。部長は、「後輩に好（す）かれるのって、難（むずか）しいんだよ。普通（ふつう）は先輩を怖（こわ）がって、あんまり質問（しつもん）もしてこないの。でも、今年（ことし）の1年生は友美のおかげで楽しそうだし、先輩と後輩との交流が今（いま）までよりさかんだよ」と友美をほめてくれました。ほかの2年生も、「友美のおかげで、私たちも後輩に話しかけやすいよ」と言ってくれたので、友美はとてもうれしくなりました。

After practice, the third-year club captain approached Yumi and said, "You're doing a great job teaching the first-years. Is there anything you're struggling with?"
Yumi replied, "The first-years are all good kids, and it's fun to see them improve so quickly. But I feel like I've grown distant from the other second-years, and it makes me a bit lonely."
The captain smiled and said, "Gaining the trust of younger students is actually really hard. Usually they're scared of their seniors and don't ask many questions. But this year, thanks to you, the first-years look like they're having fun, and there's way more interaction between seniors and juniors than before."
The other second-years also told her, "Because of you, it's easier for us to talk to the first-years too," which made Yumi very happy.

明日（あした）はみんなにスマッシュのやり方（かた）を教（おし）えてあげよう。ストレッチの方法（ほうほう）や、家（いえ）でできるトレーニングも教えてあげなきゃ。やりたいことがたくさん頭（あたま）に浮（う）かんできて、友美はうずうずしながら家に帰（かえ）り、1年生のトレーニング計画（けいかく）をノートに書（か）き込（こ）みました。

Tomorrow, I'll teach everyone how to do smashes, she thought. I should also show them some stretching routines and exercises they can do at home. With countless ideas popping into her head, Yumi went home feeling excited and wrote down a training plan for the first-years in her notebook.

Vocabulary

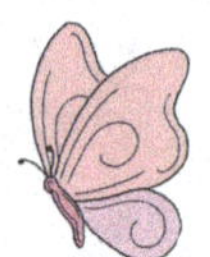

あちこち　here and there

笑い声　わらいごえ　laughter

ため息　ためいき　sigh

素振り　すぶり　practice swing

クラス替え　クラスがえ　class shuffle

交流　こうりゅう　interaction

仲間外れにする　なかまはずれにする　to leave out, to exclude

上達する　じょうたつする　to improve

距離　きょり　distance

さかん　active, in high gear

やり方　やりかた　manner

方法　ほうほう　method

頭に浮かぶ　あたまにうかぶ　to pop into one's head

うずうずする　to be itching to do

Quiz

1. 友美が最近落ち込んでいたのはなぜですか。2つ理由を答えましょう。

2. 友美がさみしいと感じていたのはなぜですか。

3. 部長は、友美のおかげで何がさかんだと言いましたか。

Writing prompt

1 あなたがだれかにほめられたとき、どのようなことをほめられましたか。

2 あなたがほめたいと思う人はだれですか。その人に向けて、感謝の手紙（letter of gratitude）を書いてみましょう。

3人の恋バナ/ GIRL TALK

お昼休み、別のクラスになった葵ちゃんと真里ちゃんが「一緒に食べよう」と友美のクラスにやって来ました。お弁当を広げながら、葵ちゃんが「私、昨日彼氏と別れた」とぽつりと言いました。

「え！ マジか。大丈夫？」と友美が言うと、葵ちゃんは「全然大丈夫。お互いに気持ちが冷めちゃったみたい。昨日、『会えなくてもさみしくないし、もう本当に好きかどうかわからない』って電話で言ったら、『俺も』だって。だから、もう別れることにしたの」と言って肩をすくめました。

中学校のころから、3年くらい付き合ったのに、別れちゃうんだ。友美はもったいないな、せっかく長く付き合ったのに、1人になるの怖くないのかな、と思いましたが、声には出しませんでした。

一方、真里ちゃんは、少し言いづらそうに苦笑いしながら、「あのね、こんなこと言ったら怒るかもしれないけど、私、友美ちゃんと葵ちゃんがちょっとうらやましいの」とつぶやきました。「私、まだ誰かを好きになったことがないの。初恋って、いつ来るんだろうって、ちょっと焦っちゃう。もうすぐ17歳なのに、片思いも、失恋も、告白されたこともない」と悲しそうに言いました。

友美は、「真里ちゃんは、焦らなくても大丈夫だよ。きっと自然に、ちゃんと好きになる日が来ると思う」と答えました。真里ちゃんはにっこり笑って「そうかな…ありがとう」と言いました。ふと教室の窓の外を見ると、優斗くんと美紀ちゃんが楽しそうに話している姿が見えました。「2人と同じクラスでつらくない？」と真里ちゃんが友美に聞きました。「うん、大丈夫。ちょっと胸がちくっとするけど、今は部活がすごく楽しくて、あんまりほかのこと考える余裕ないんだ。英語の勉強も楽しいし、なんだか毎日充実してる気がする。」

そのあと、3人で昨日のドラマの話をして盛り上がりました。笑いながらお弁当を食べる時間は、なんだかとても大切な時間に感じました。恋愛のことも、それぞれ悩みはあるけれど、こうして友達と一緒に過ごす時間が、今の自分にとって一番大切だなと友美は感じました。

Synopsis

友美と葵ちゃん、真里ちゃんはそれぞれの恋愛事情を話します。葵ちゃんは彼氏と別れたこと、真里ちゃんは初恋がまだで焦っていることを打ち明けました。友美は失恋を乗り越え始めていることを伝え、3人はいつものように楽しくおしゃべりします。

Yumi, Aoi, and Mari got together to talk about their respective love lives. Aoi shared that she had broken up with her boyfriend, and Mari confessed that she was feeling anxious because she hadn't had her first crush yet. Yumi told them that she was starting to move past her heartbreak. The three friends then happily chatted away, just like always.

English Translation with Furigana

お昼休（ひるやす）み、別（べつ）のクラスになった葵（あおい）ちゃんと真里（まり）ちゃんが「一緒（いっしょ）に食（た）べよう」と友美のクラスにやって来（き）ました。お弁当（べんとう）を広（ひろ）げながら、葵ちゃんが「私（わたし）、昨日（きのう）彼氏（かれし）と別（わか）れた」とぽつりと言（い）いました。
During lunch break, Aoi and Mari, who are now in a different class, came to Yumi's classroom and said, "Let's eat together." As they opened their lunch boxes, Aoi quietly said, "I broke up with my boyfriend yesterday."

「え！ マジか。大丈夫（だいじょうぶ）？」と友美が言うと、葵ちゃんは「全然（ぜんぜん）大丈夫。お互（たが）いに気持（きも）ちが冷（さ）めちゃったみたい。昨日、『会（あ）えなくてもさみしくないし、もう本当（ほんとう）に好（す）きかどうかわからない』って電話（でんわ）で言ったら、『俺（おれ）も』だって。だから、もう別れることにしたの」と言って肩（かた）をすくめました。
"What? For real? Are you okay?" Yumi asked.
Aoi shrugged and replied, "I'm totally fine. I think our feelings for each other just faded. Yesterday, I told him on the phone, 'I don't even feel lonely when we don't see each other anymore, so I don't know if I actually like you.'
And he said, "Same here.' So we decided to break up."

中学生（ちゅうがくせい）のころから、3年（さんねん）くらい付（つ）き合（あ）ったのに、別れちゃうんだ。友美はもったいないな、せっかく長（なが）く付き合ったのに、1人（ひとり）になるの怖（こわ）くないのかな、と思（おも）いましたが、声（こえ）には出（だ）しませんでした。
They had been dating since middle school for about three years, yet they still broke up. Yumi thought it was kind of a waste—after being together so long, wasn't she afraid of being alone again? But she didn't say that out loud.

一方（いっぽう）、真里ちゃんは、少（すこ）し言いづらそうに苦笑（にがわら）いしながら、「あのね、こんなこと言ったら怒（おこ）るかもしれないけど、私、友美ちゃんと葵ちゃんがちょっとうらやましいの」とつぶやきました。「私、まだ誰（だれ）かを好きになったことがないの。初恋（はつこい）って、いつ来（く）るんだろうって、ちょっと焦（あせ）っちゃう。もうすぐ17歳（じゅうななさい）なのに、片思（かたおも）いも、失恋（しつれん）も、告白（こくはく）されたこともない」と悲（かな）しそうに言いました。
Meanwhile, Mari gave a slightly awkward smile and said hesitantly, "Um… you might get mad at me for saying this, but… I'm kind of jealous of you two." She continued, "I've never been in love with anyone. I keep wondering when my first love will come. I'm almost seventeen, but I've never had a crush, never been rejected, never been confessed to." She sounded sad as she said it.

友美は、「真里ちゃんは、焦らなくても大丈夫だよ。きっと自然（しぜん）に、ちゃんと好きになる日（ひ）が来（く）ると思う」と答（こた）えました。真里ちゃんはにっこり笑（わら）って「そうかな…ありがとう」と言いました。
Yumi replied, "You don't need to rush, Mari. I'm sure the day will come naturally when you really fall for someone."
Mari smiled and said, "You think so? …Thanks."

ふと教室（きょうしつ）の窓（まど）の外（そと）を見（み）ると、優斗（ゆうと）くんと美紀（みき）ちゃんが楽（たの）しそうに話（はな）している姿（すがた）が見えました。「2人（ふたり）と同（おな）じクラスでつらくない？」と真里ちゃんが友美に聞（き）きました。「うん、大丈夫。ちょっと胸（むね）がちくっとするけど、今（いま）は部活（ぶかつ）がすごく楽しくて、あんまりほかのこと考（かんが）える余裕（よゆう）ないんだ。英語（えいご）の勉強（べんきょう）も楽しいし、なんだか毎日（まいにち）充実（じゅうじつ）してる気（き）がする。」
When Yumi casually looked outside the classroom window, she saw Yuto and Miki talking happily together. Mari asked, "Isn't it tough being in the same class as them?"
Yumi answered, "Yeah, a little. My chest does sting sometimes. But lately, the tennis club has been really fun, and I barely have time to think about anything else. Studying English is fun too, so I actually feel like my days are pretty fulfilling."

そのあと、3人（さんにん）で昨日のドラマの話（はなし）をして盛（も）り上（あ）がりました。笑いながらお弁当を食（た）べる時間（じかん）は、なんだかとても大切（たいせつ）な時間に感（かん）じました。恋愛（れんあい）のことも、それぞれ悩（なや）みはあるけれど、こうして友達（ともだち）と一緒に過（す）ごす時間が、今の自分（じぶん）にとって一番（いちばん）大切だなと友美は感（かん）じました。
After that, the three of them got excited talking about a TV show they watched the night before. As they laughed and ate lunch together, Yumi felt that this time with her friends was incredibly precious. Even though each of them had their own worries about love, Yumi realized that right now, spending time with friends like this was what mattered most to her.

Vocabulary

ぽつりと言う　ぽつりという　to say quietly

気持ちが冷める　きもちがさめる　to lose feelings for someone or something

肩をすくめる　かたをすくめる　to shrug one's shoulders

もったいない　wasteful

焦る　あせる　to be rushed, to feel frustrated

初恋　はつこい　first love

片思い　かたおもい　one-sided love

余裕がない　よゆうがない　to have no room or time

充実　じゅうじつ　fulfilling

ドラマ　TV series, TV show

盛り上がる　もりあがる　to get excited

悩み　なやみ　worries

Quiz

①　友美は何を「もったいない」と思いましたか。

②　真里ちゃんはどうして悲しそうなのですか。

③　友美が「毎日充実している」と感じるのはなぜですか。

Writing prompt

1 あなたの初恋はいつでしたか。

2 あなたは失恋をしたことがありますか。失恋をしたとき、どのような気持ちになりましたか。

3 あなたなら、初恋がまだで悩んでいる真里ちゃんにどのようなアドバイスをしますか。

友美の将来/ YUMI'S FUTURE

今日は進路相談の日です。先生と面談のため、友美は放課後職員室に行きました。「失礼します」と言って職員室に入ると、担任の先生に「ここに座って」と案内されました。

「ではさっそくですが、将来のこと、何か考えていることはありますか？」と先生に聞かれて、「まだはっきりとは決まってないんですけど…日本のことを海外に紹介するような仕事がしてみたいです」と友美は答えました。「いいね。どうしてそうしたいと思ったの？」と先生は微笑んで聞きました。

「この前、浅草に行ったときに、レストランで海外の人に英語でいろいろ質問されて…でも英語がうまく出てこなかったんです。スマホを使いながら片言で伝えたらすごく喜んでくれて。そのとき、もっとちゃんと話せるようになりたいなって思いました。それに、華道部で生け花を学んだり、祖母に着物を着せてもらったりして、日本の文化っておもしろいなと思って」友美の答えを聞いて、先生は静かにうなずきながら言いました。「なるほどね。そういう仕事なら、通訳や観光ガイド、日本語教師などいろんな道があります。もっと大きな舞台で言えば、国連職員も日本と世界をつなぐ仕事です。」

「国連…」と友美はつぶやきました。そんなに大きな仕事、考えたこともなかった。私にできるかな。友美は一瞬不安に思いましたが、新しい自分の可能性にワクワクし始めました。

「国連を目指すなら、大学で国際関係や政治などを学び、大学院まで進むといいでしょう。A大学やB大学が国際政治の勉強におすすめです。どちらも偏差値は高めですが…友美さんは華道部もテニス部も、どちらもがんばっています。忙しいのに勉強もしっかりできる努力家なので、きっと大丈夫ですよ」「挑戦してみたいです。これから、もっと勉強がんばります。」

その夜。夕食のあと、ソファーでリラックスしているお母さんに、面談で先生と話した内容を報告しました。「先生がね、国連とか、そういう国際的な仕事もあるって言ってくれて…。A大学とかB大学とか、大学院まで行く道もあるって」と友美が言うと、お母さんがおどろいた声で「すごいじゃない。じゃあ英会話教室とか、塾に通ってみる？」と聞きました。友美は少し考えてから、首を横に振りました。「ううん。とりあえずは、自力で受験勉強してみる。ちゃんとやれるか、自分で試したいから。」お母さんはうなずき、にこっと笑いました。「その覚悟があるなら、きっと大丈夫だよ。応援するね。」

「お父さん、友美が海外に行っちゃったらさみしいなぁ」とお父さんがつぶやくと、お母さんは、「もう、親バカなんだから」とあきれて笑いました。

部活も勉強も、やりたいことがたくさんあって、時間が全然足りないな。忙しいけれど、なんだか楽しい。ベッドでそんなことを考えながら、友美はぐっすり眠りました。

Synopsis

進路相談で、友美は先生から国連の職員になる道があることを教えてもらいます。偏差値の高い大学への入学が必要ですが、先生にきっと大丈夫だと後押しされます。お母さんから英会話や塾に行くことを提案されますが、まずは自分の力でがんばりたいと伝えます。

During her career counseling, Yumi's teacher suggested a path she hadn't considered: becoming a UN staff member. She learned she would need to get into a highly-ranked university, but her teacher encouraged her, saying she could do it. When her mother suggested she start taking English conversation classes or joining a cram school, Yumi said that she wanted to try her best using her own efforts first.

English Translation with Furigana

今日（きょう）は進路（しんろ）相談（そうだん）の日（ひ）です。先生（せんせい）と面談（めんだん）のため、友美は放課後（ほうかご）職員室（きょうしつ）に行（い）きました。「失礼（しつれい）します」と言（い）って職員室（しょくいんしつ）に入（はい）ると、担任（たんにん）の先生に「ここに座（すわ）って」と案内（あんない）されました。
Today is Yumi's career counseling day. After school, she goes to the teachers' room for a meeting with her teacher. When she enters, she says, "Excuse me," and the homeroom teacher tells her, "Please take a seat."

「ではさっそくですが、将来（しょうらい）のこと、何（なに）か考（かんが）えていることはありますか？」と先生に聞（き）かれて、「まだはっきりとは決（き）まってないんですけど...日本（にほん）のことを海外（かいがい）に紹介（しょうかい）するような仕事（しごと）がしてみたいです」と友美（ゆみ）は答（こた）えました。「いいね。どうしてそうしたいと思（おも）ったの？」と先生は微笑（ほほえ）んで聞きました。

"Let's get started. Have you thought about your future at all?" the teacher asks.
Yumi replies, "I haven't decided for sure yet, but I'd like a job where I can introduce Japanese culture to people overseas."
"That's nice. Why do you want to do that?" the teacher asks with a smile.

「この前（まえ）、浅草（あさくさ）に行（い）ったときに、レストランで海外の人（ひと）に英語（えいご）でいろいろ質問（しつもん）されて...でも英語がうまく出（で）てこなかったんです。スマホを使（つか）いながら片言（かたこと）で伝（つた）えたらすごく喜（よろこ）んでくれて。そのとき、もっとちゃんと話（はな）せるようになりたいなって思いました。それに、華道部（かどうぶ）で生（い）け花（ばな）を学（まな）んだり、祖母（そぼ）に着物（きもの）を着（き）せてもらったりして、日本の文化（ぶんか）っておもしろいなと思って」友美の答（こた）えを聞いて、先生は静（しず）かにうなずきながら言いました。「なるほどね。そういう仕事なら、通訳（つうやく）や観光（かんこう）ガイド、日本語（にほんご）教師（きょうし）などいろんな道（みち）があります。もっと大（おお）きな舞台（ぶたい）で言えば、国連（こくれん）職員（しょくいん）も日本と世界（せかい）をつなぐ仕事です。」

Yumi explains, "When I went to Asakusa the other day, some foreigners asked me a lot of questions in English at a restaurant... but I couldn't speak well. I used my smartphone and spoke in broken English, and they were really happy. That made me want to speak better. Also, I've learned Ikebana in the flower arrangement club and worn a kimono with my grandmother, and I realized Japanese culture is really interesting."
The teacher nods quietly and says, "I see. For that kind of work, you could become an interpreter, a tour guide, or a Japanese teacher. On a larger scale, working for the United Nations is also a way to connect Japan with the world."

「国連...」と友美はつぶやきました。そんなに大きな仕事、考（かんが）えたこともなかった。私（わたし）にできるかな。友美は一瞬（いっしゅん）不安（ふあん）に思いましたが、新（あたら）しい自分（じぶん）の可能性（かのうせい）にワクワクし始（はじ）めました。

"United Nations..." Yumi whispers to herself. She had never thought about such a big job. Can I really do it? For a moment, she feels anxious, but soon she becomes excited about her new possibilities.

「国連を目指（めざ）すなら、大学（だいがく）で国際関係（こくさいかんけい）や政治（せいじ）などを学（まな）び、大学院（だいがくいん）まで進（すす）むといいでしょう。A大学やB大学が国際政治の勉強（べんきょう）におすすめです。どちらも偏差値（へんさち）は高（たか）めですが...友美さんは華道部もテニス部も、どちらもがんばっています。忙（いそ）しいのに勉強もしっかりできる努力家（どりょくか）なので、きっと大丈夫（だいじょうぶ）ですよ」
「挑戦（ちょうせん）してみたいです。これから、もっと勉強がんばります。」

"If you aim for the UN, you should study international relations or politics at university, and continue on to graduate school. University of A and University of B are good choices for international politics. Their entrance scores are high, but Yumi, you work hard in both the flower arrangement club and the tennis clubs. Even though you're busy, you study diligently, so I'm sure you'll do fine."
"I want to try. I'll work harder on my studies from now on."

その夜（よる）。夕食（ゆうしょく）のあと、ソファーでリラックスしているお母（かあ）さん
に、面談で先生と話した内容（ないよう）を報告（ほうこく）しました。「先生がね、国連と
か、そういう国際的（こくさいてき）な仕事もあるって言ってくれて...。A大学とかB大学とか、
大学院まで行く道もあるって」と友美が言うと、お母さんがおどろいた声（こえ）で「すごいじ
ゃない。じゃあ英会話（えいかいわ）教室（きょうしつ）とか、塾（じゅく）に通（かよ）って
みる？」と聞きました。

That night, after dinner, she tells her mother, who is relaxing on the sofa, about the
meeting. "The teacher said there are international jobs like the United Nations... and
suggested University of A and University of B and even going to graduate school," she
explains.

Her mother is surprised and asks, "That's amazing! So do you want to try an English
conversation school or a cram school?"

友美は少し考えてから、首（くび）を横（よこ）に振（ふ）りました。「ううん。とりあえず
は、自力（じりき）で受験（じゅけん）勉強してみる。ちゃんとやれるか、自分で試（ため）し
たいから。」お母さんはうなずき、にこっと笑いました。「その覚悟（かくご）があるなら、きっ
と大丈夫だよ。応援（おうえん）するね。」

Yumi shakes her head after thinking for a moment. "No. For now, I want to study on my
own. I want to see if I can really do it by myself first."

Her mother nods and smiles. "If you have that determination, I'm sure you'll be fine. I'll
support you."

「お父さん、友美が海外に行っちゃったらさみしいなぁ」とお父さんがつぶやくと、お母さん
は、「もう、親バカなんだから」とあきれて笑いました。

When Dad murmurs, "I'll be so lonely if Yumi goes abroad."

Mom laughs and says, "Oh, you're such a doting father."

部活も勉強も、やりたいことがたくさんあって、時間（じかん）が全然（ぜんぜん）足（た）り
ないな。忙（いそが）しいけれど、なんだか楽（たの）しい。ベッドでそんなことを考えなが
ら、友美はぐっすり眠（ねむ）りました。

Yumi has so many things she wants to do—club activities and studying—and never enough
time. It's busy, but somehow fun. Thinking about all this in bed, Yumi falls asleep deeply,
feeling motivated.

Vocabulary

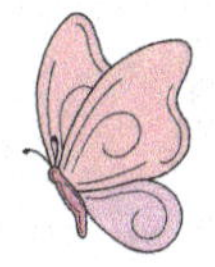

進路相談　しんろそうだん　career counseling

面談　めんだん　counseling, meeting

職員室　しょくいんしつ　teachers' room

担任の先生　たんにんのせんせい　homeroom teacher

片言　かたこと　broken words

祖母　そぼ　(formal) grandmother

通訳　つうやく　interpreter

国連　こくれん　the United Nations

職員　しょくいん　staff

世界　せかい　world

一瞬　いっしゅん　for a moment

可能性　かのうせい　possibility

国際関係　こくさいかんけい　international relations

政治　せいじ　politics

大学　だいがく　university

大学院　だいがくいん　graduate school

偏差値　へんさち　academic deviation score

努力家　どりょくか　hard worker

英会話教室　えいかいわきょうしつ　English conversation school

塾　じゅく　cram school

自力　じりき　on one's own

受験勉強　じゅけんべんきょう　studying for entrance exams

覚悟　かくご　determination

親バカ　おやバカ　doting parent

Quiz

1. 友美は放課後、なぜ職員室に行きましたか。

2. 友美は将来どんな仕事をしたいと言いましたか。

3. 先生は友美にどんな仕事を紹介しましたか。4つ答えましょう。

4. 先生が友美に「きっと大丈夫」と言ったのはなぜですか。

Writing prompt

1 あなたは、将来どのような仕事がしたいですか。

2 あなたが友美のお母さんなら、毎日がんばっている友美にどのような言葉をかけますか。

Quiz Answers

Quiz 1: 1.b, 2.c, 3.b, 4.b
Quiz 2: 1.a, 2.a, 3.b, 4. To take notes
Quiz 3: 1.b, 2.c, 3.b, 4.c, 5. b
Quiz 4: 1.b, 2.a, 3.c, 4.b, 5."I only look at you.", 6.Sato-senpai.
Quiz 5: 1.a, 2.c, 3.a, 4.Because she saw her father's funny face selfie
Quiz 6: 1.c, 2.a, 3.c
Quiz 7: 1. Because she wanted to stay in the house she lived with her husband, 2. Lying in bed due to illness, 3. She wants to stay in the house where she lived with her husband, and she took Yumi's flower to the family Buddhist altar to show her husband in heaven.
Quiz 8: 1. A folding fan and a tenugui cloth, 2. That people long ago also laughed at the story they laugh at, 3. Because he actually loved manju and wanted to eat them.
Quiz 9: 1.One night, 2.Yumi's father, 3.Green tea and chocolate
Quiz 10: 1. A light blue kimono and a golden obi, 2. She didn't have enough allowance saved up, 3. Going to Asakusa together wearing the kimono and eat lots of delicious food, 4. Because she didn't like how her mother scolded her on her birthday
Quiz 11: 1. Because she worries that Yuto and Miki might be dating, 2. Because she was afraid he would find out she likes him, 3. Be brave and give chocolate on Valentine's Day, then confess.
Quiz 12: 1. Because she didn't have much experience with baking and truffle chocolates were recommended for beginners, 2. Some water got into the bowl while Yumi was melting the chocolate, 3. Because she was afraid she might fail again
Quiz 13: 1. 放課後 2.校庭 3.チョコレートが台無しになって優斗くんに告白できず、とても悲しかったから
Quiz 14: 1.せっかくおばあちゃんが誘ってくれたから 2.学校で英語の先生ともっと英語で話す。英会話のYouTubeを見る。3.社交的
Quiz 15: 1.優斗くんと美紀ちゃんが付き合うことになったと知り、悲しかったから。2.「平気だよ」 3.宿題と予習に集中した。YouTubeで英会話の動画を見て英語の勉強をした。TikTokで失恋をした女の子の動画を見た。
Quiz 16: 1. 優斗くんと美紀ちゃんが手をつないで歩いているのを見たから。2.以前ほどドキドキしないし、会えなくてもさみしくないので、本当に好きかわからない。3.一緒にいる時間が長いとドキドキが少なくなることがあるが、安心できるということかもしれない。4.友美は失恋したばかりで彼氏がいないけれど、葵ちゃんには彼氏がいるから。5.コミュニケーション
Quiz 17: 1.「やめてよ」と照れながらも、幸せそうな表情をした。2.自分の（葵ちゃんと真里ちゃんの）クラス 3.部活中に優斗くんのことを一度も考えなかったこと、落ち込んでいる時間が減っていることに気づいたから。
Quiz 18: 1.失恋とクラス替え 2.1年生の指導に忙しくて、同じ2年生の仲間と話す時間がなく、仲間外れにされたように感じていたから。3. 先輩と後輩との交流
Quiz 19: 1.葵ちゃんが長く付き合った彼氏と別れたこと。2.もうすぐ17歳になるのに、片思いも、失恋も、告白されたこともないから。3.部活と英語の勉強が楽しいから。
Quiz 20: 1.担任の先生と進路相談の面談があるから。2.日本のことを海外に紹介する仕事 3.通訳、観光ガイド、日本語教師、国連職員 4.友美は部活も勉強もがんばる努力家だから